唐太宗的人生哲學

——守靜人生

《中國人生叢書》前言

中國聖賢是一個神聖的群體。他們是思想智慧的化身，道德行爲的典範，進取成功的象徵。他們或者以自己的思想學說影響歷史，併構成民族性格與靈魂；或者他們本身即親身創造歷史，留下光照千秋的業績。

但歲月流轉，時代阻隔，語言亦發生文句變化。更不用說人生代代無窮已，歷來學問家詮釋演繹聖賢學說，形成衆多門戶相左的學派，同時又想應神化聖賢事跡。於是，聖賢便高居雲端，使常人可望不可及，只能奉爲神明，頂禮膜拜。

然而，消除阻隔，融匯古今，無論學問思想，或者智勇功業，如此二者常常並不是分離的，且必然是人生的，爲社會人生而存在的。這就是聖賢學說、智略、勇氣、運籌、奔走、苦鬥、成功的經驗、失敗的教訓，乃至道德文章，行爲風範，也體現爲一種切實的人生。因爲聖者賢者也是人。

這是一種存在，無須多說甚麼。但存在對每一個人來說並不意味著親切，也不意味著自覺。我想聖賢人生與我們這些凡夫俗子的人生加以聯繫。聖賢不正是一個凡夫俗子，經許多努力，經許多造就，才成其爲聖者賢者的嗎？

當然還有一個重要方面，時世使然矣，這就是歷經漫漫千年的中古時代，又歷經憂患求索的百年近代，世界文化已在衝擊中國人的生存方式。該如何確立中國人的人生路，我總認爲無論是作爲一種一脈相承的文化淵源，還是作爲一種參照與啓迪都莫如了解中國聖賢人生，莫如將我們平凡的人生從聖賢人生與學說找到佐證，找到圭臬。所謂古人不見今時月，今月曾經照古人。正是由此理解，由此思忖，我嘗試撰寫了《莊子的人生哲學》，問世以來即引起讀者的關注與歡迎。並且成爲我組織一套《中國人生叢書》的直接引線。

我大致想好了，依然如《莊子的人生哲學》一樣，一書寫一聖賢人物。我還不揣譾陋，以我的《莊子的人生哲學》爲範本，用一種隨筆的文體與筆調，古今結合，史論結合，聖賢人生與凡生結合，我還要求每一位作者對他所寫的聖賢人物，結合自己的人生閱歷對聖賢寫出獨特的人生體驗。我請了我的多位具卓越才識的朋友，他們都極熱心地加盟這套書的寫作，並至順利完成。

現在書將出版了，我需感謝我的朋友們、感謝揚智文化事業股份有限公司，希望更多的讀者喜歡他。

揚帆

目錄

玄機

目錄

目錄

遠謀

……唐堯治世，翠嬀川中的神龜，背負《河圖》，獻給堯帝，以表彰他的聖德。大禹治水，鑿山浚河，天帝賜他玄圭，褒獎他的奇功。周興呈祥，赤鳥啣丹書飛止岐山，曉諭天命，文王開創了八百年的王業。漢室勃興，天命眷顧，劉邦斬白蛇而舉義，奠定了兩漢廿四帝的宏基。由此看來，帝王的偉業本由天命，不能用人力爭得。隋末煬帝昏暴，天下變亂，國家分崩離析，先皇高祖藉神武之姿，恰遇改造換代，治理變亂的良機，效法劉邦斬靈蛇，起義兵，奠定了大唐的帝業，啓明察之道，修明政治，臨天下而執掌權柄。然而三山五岳，妖氛正熾，群雄割據，戰亂不斷，暗無天日，豺狼橫行，兵禍頻仍，天下未寧。我未到加冠的年齡，胸懷濟世安民的慷慨大志，一心想芟夷犬難，救拔蒼生，每臨戰陣，我必定親披甲胄，朝夕不避矢石，率軍踏陷險惡的魚鱗之陣，衝擊嚴密的鶴翼之圍。不管群雄的聲勢多麼浩大，敵人的兵甲何等堅利，都能戰而勝之，做到無城不破，無堅不摧。我翦除長鯨，澄清四海，掃除妖氛，廓清八方，使李唐王室得以興盛。我受命因襲大唐光耀日月的永業，繼承大唐最寶貴的帝位，每日戰戰兢兢，如臨深淵，如駕朽車，不敢有絲毫怠懈，一天比一天謹慎，經常思考，理國安民，勵精圖治，做到善始善終。

——摘譯自李世民《帝範序》

斬露頭角

隋文帝開皇十八年十二月（公元五九九年一月），唐太宗誕生在陝西武功唐國公李淵的「別館」裡。據《舊唐書・太宗紀》記載：太宗四歲那年，館門外來了一位飄然若僊、善於相命的書生，他向唐國公稱道太宗有「龍鳳之姿，天日之表」，是大福大貴之人，二十歲時，「必能濟世安民」。唐國公聽了，既驚喜又懼怕，喜的是得此貴子，怕的是書生洩漏「天機」，準備殺害他。誰知這書生好像洞悉他的心事，向李淵略一拱手，猶如黃鶴白雲，飄然離去，自此杳無音信。於是，李淵「採濟世安民之義」，給太宗取名「世民」。這一記載，雖有杜撰之嫌，近於荒誕，但也道出了李世民幼時氣質的迥異，相貌的不凡。

一、名門世家

李世民的家族是關中隴西一帶的名門望族，祖籍隴西成紀。他的祖先是漢代前將軍李廣。世民的前八世祖李暠為涼武昭王。世民的曾祖父李虎，是西魏、北周時關隴統治集團的主要成員。在西魏擔任太尉，因輔助北周文帝宇文泰奪取西魏的政權立有大功，成為北周執掌兵柄的「八柱國之一」。去世後追封為唐國公。祖父李昞任北周安州總管，柱國大將軍，襲封唐國公。父親李淵，七歲襲封唐國公。隋建立，因世民的祖母是隋文帝獨孤皇后的親姐姐，所以李淵「特見親愛」，倍受重用，擔任過譙、隴、岐三州刺史。大業初，任滎陽、樓煩郡的太守和殿內少監、衛尉少卿等職。隋末任太原留守，執掌晉陽重兵，雄踞一方。

李世民的母親竇氏，是北周上柱國、隋朝定州總管神武公竇毅的女兒。她容貌美麗，賢慧能幹，見識深遠；她崇尚武藝，喜歡著作，尤善書法；還為後世留下了「雀屏中選」的佳話。原來竇毅見女兒才貌出眾，不肯將她輕易嫁人，想選一個有本領的佳婿。於是就在門屏上畫了兩隻孔雀，前來求婚的絡繹不絕，竇毅對他們說，誰能兩箭射中孔雀的雙眼，就把女兒嫁給他。前後求親上門的幾十位貴胄子弟，沒有一個能射中的。李淵前來求親，祇見他張弓搭箭，咻！咻！兩箭各中一目，竇毅很高興，就把女兒嫁給他。李世民深受武將世家的影響和母親的教育、薰陶，很快地成長起來。

他騎駿馬，弄弓矢，練就一身精湛的武藝；覽戰策、讀兵法，胸藏無限韜略，腹蓄不測玄機。其天資稟賦放射出異常的光華，因此，深得父親的喜愛。青少年時代，李世民隨著父親官職的調動，過著遷徙動盪的生活，瞭解社會的壯況，熟悉百姓的生活。他眼界開闊，見多識廣，養成了剛烈豪放、意志倔強的性格。他有聰叡的頭腦、深邃的思想、高超的見解和過人的膽識，遇事冷靜、果斷，開始顯露出超衆的才華。

二、雁門解圍

李世民十八歲那年，歷史給他創造了一個嶄露頭角的良機。《新唐書·太宗紀》記載了他獻計破敵的故事：大業十一年（公元六一五年）八月，喜好巡幸的隋煬帝帶著千乘萬騎，浩浩蕩蕩巡視邊塞，遭到突厥始畢可汗數十萬騎兵的襲擊，幸虧義成公主告變，車駕馳往雁門。煬帝和他的百官、嬪妃、侍從都被圍困在雁門關內。城中糧資缺乏，官軍頻戰不利，形勢十分危急。煬帝祇好在被圍中寫下徵兵勤王的詔書，繫在木頭上，投放到滔滔汾河裡，讓它隨汾河流出包圍圈，命令各地募兵前去救援。李世民接到詔書，應募馳往雁門，隸屬於將軍雲定興的部下。雲定興知道李世民是將門虎子，非常器重他。他向雲定興獻計說：「突厥所以敢於包圍我們的皇帝，是認爲沒有軍隊會去救援的緣故。現在敵衆我寡，我們應該把隊伍前前後後佈置成幾十里長。在山野遍插軍旗，連綿迎風招展；夜晚，於四處敲鉦擊鼓，彼此呼應吶喊，這樣造成敵軍的錯覺，以爲救援的大軍已經到來，就可以不必進攻而使敵軍逃竄。如果不採用這種疑兵之計，讓突厥知道了我軍虛實，那麼戰爭的勝負就無法預知了。」雲定興積極採納他的建議，設疑兵於山野，祇見崞縣一帶塵土飛揚，旌旗招展，人喊馬嘶，鉦鼓震天。突厥的偵察兵看到援救的軍隊前來不斷，急忙馳馬報告始畢可汗，始畢誤中疑兵之計，嚇得心驚膽顫，連忙星夜撤圍遁去。李世民在這次勤王的戰爭中，知己知彼，提出「必賫旗鼓以設疑兵」（《舊唐書·太宗紀》）的奇謀，發起一場以虛勝實的攻心戰，充分顯示了青年李世民「初生之犢不畏虎」的英雄氣概和通曉兵法的軍事才能。

三、險谷救父

大業十二年（公元六一六年）十二月，李淵升調太原留守，李世民跟隨前往。他們剛到太原不久，自號歷山飛的甄翟兒率反隋農民武裝，進攻太原，隋將潘長文出城與之交戰，當即陣亡。李淵率兵出擊，深入其陣，與甄翟兒的反隋武裝相遇於永安雀鼠谷，雙方在險峻曲折的峽谷中展開激戰，然而雙方衆寡懸殊，李淵被甄翟兒的軍隊困在核心，左衝右突，不能脫險。正在危難之際，李世民率數十輕騎，殺入重圍。祇見李世民左執弓，右搭箭，弓開如滿月，箭發似流星，所到之處，敵人紛紛退避逃竄。終於殺出重圍，從萬軍叢中救出了血染征袍的李淵。此時，恰好另一支官軍到來，兩支部隊內外夾攻，迫使甄翟兒不敢戀戰，祇好率領敗軍匆忙逃遁。李淵大獲全勝。

在這兩次戰鬥中，英武的李世民得到了軍事鍛鍊，初步顯露鋒芒，這是他活躍於軍事和政治舞臺的開端。他飽讀兵書，通曉兵法，智謀超群，精於騎射，驍勇善戰。他很快成爲李淵所依靠的軍事將領，每逢重大軍事行動，李淵就讓他率軍出征。在長期戰爭中，他成長爲一位把軍事理論與戰爭實踐有機結合而文武兼備的優秀統帥。此後，他用他高度的智慧爲唐帝國基業的開創和社會的繁榮，立下了永載史冊的豐功偉績。

晉陽起兵

自古以來，晉陽是邊防重鎮兵家必爭之地，也是歷朝歷代英雄豪傑表演的政治舞臺。在這舞臺上，李世民高舉反隋的大旗，導演了一齣事關李唐王朝命運的頗具傳奇色彩的活劇，表現了他過人的膽識、深遠的謀略和高超的指揮藝術。

一、隋末局勢

隋朝末年，煬帝實行殘暴的統治，與黎庶階級形成尖銳地對立。他大興土木，徵發農民營東都，築西苑，開運河，治離宮，掘塹溝，修長城，伐木造船，鑿山通道，使民命不堪。他好大喜功，七次巡遊，北上榆林，南下江都，窮奢侈，任揮霍，耗資億萬，以誇耀自己的權勢。他顯耀武力，興師動衆，出兵邊塞，遠征高麗，徭役無時，使社會生產遭到嚴重破壞，人民生活痛苦不堪，眞的是「三河縱封豕之貪，四海被長蛇之毒，百姓殲亡，殆無遺類」（《舊唐書·李密傳》）。隋煬帝已成爲千夫所指的「獨夫」，其禍國殃民，正如李密瓦崗軍在討伐他時所發布的檄文所說的那樣：「罄南山之竹，書罪無窮；決東海之波，流惡難盡」（《舊唐書·李密傳》）。自大業七年起，各地黎庶反隋武裝風起雲湧，如火如荼。義軍的大旗遍插九州，獵獵招展；隋朝的政權岌岌可危，處在風雨飄搖之中。

二、獄中對策

這時統治階級內部分化瓦解，李淵父子目睹動盪不安的局勢，逐漸醞釀了叛逆思想。李世民胸懷濟世安民的大志，非常注意禮賢下士，籠絡豪傑，羅致人才，準備發動起義。

隋朝晉陽令劉文靜「偉姿儀，有器幹，倜儻多權謀」（《舊唐書·劉文靜傳》）目睹隋末天下大亂的局勢，有澄淸天下，解民於倒懸的偉大志向，他因與瓦崗領袖李密是兒女親家，煬帝命令把他囚禁在大原郡監獄中。李世民深知文靜乃濟世大才，富有遠見卓識，於是親往獄中探訪劉文靜，向他請教舉義反隋的大計。劉文靜身陷囹圄，一見世民冒險探訪，心中大喜，胸有成竹地說：「我料定公子冒險來看我，一定有重大事情要找我商量。」劉文靜爲何如此胸有成竹？原來劉文靜善於鑒識人才，他曾對裴寂說：「留守公子世民，非等閒之輩，觀察他的相貌，豁達猶如漢高祖，神武類似魏武帝，是當今命世之才。」所以他深自結交，同李世民關係密切，成了忘年莫逆之交。李世民恭敬誠懇地說：「的確如此。我冒險來探望你，不是敘談舊誼，更非兒女之情，我想與你商量天下大事。」劉文靜莊重地說：「當今天下大亂，不是商湯王、周武王、漢高祖、光武帝那樣的雄才大略，是不能平定天下的。」李世民慷慨地說：「你怎麼知道沒有這樣的帝王之才，祇怕平常的人不能識別罷了。時事如此，所以來與你圖謀舉義旗，興義兵的大事，請你好好地籌劃這件事！」劉文靜激動地握著李世民的手，眞摯地說：「我知道公子不是平常的人，我結識天下英雄甚多，但胸懷大志，腹藏韜略的人，沒有誰能超過公子。現在煬帝車駕南巡江淮，駐紮江都，遠離京城，毫無歸意。李密圍攻東都洛陽，勢在必取，如果洛陽一旦失守，就斷絕了煬帝的歸路，當今天下，紛亂擾擾，各路英雄，情勢洶洶，大的跨州連郡，小的據山阻澤，祇有眞命天子能驅使駕馭他們，如果能遵循天道，順應民意，高舉義旗，大聲吶喊，那麼四海就很容易平定。現在太原百姓，躲避戰亂，拋家流亡，進城居住的很多，我擔任晉陽縣令已經數年，對這裡的英雄豪傑都很熟悉，一旦呼嘯集聚，可得精兵十萬，令尊大人擔任太原留守，所控制的軍隊又有幾萬。若統帥雄兵，發布號令，誰敢不從，揮戈西進，乘虛入關，佔領京城，號令天下，不滿半載，帝業就可以成就了。」李世民聽了劉文靜一番慷慨陳詞，心中大喜過望，笑著說：「這眞是英雄所見略同，你的話正中下懷。眞是『同君一席話，勝讀十年書』啊！」於是，不顧隋朝禁令，冒險將劉文靜帶回留守府中，待爲上賓，執以師禮，日夜求教，言聽計從，李世民「獄中訪賢」和劉文靜的「獄中對話」，與劉備「三顧茅廬」時的「隆中對策」都有異曲同工之妙，劉文靜的奇策遠略，爲開創唐帝業立下了不朽功勛。

三、勸父起兵

李淵雖有叛逆思想，但優柔寡斷，瞻前顧後，祇是以維護隋朝政權的面目出現擴充實力，不敢亮出反隋的旗號。而血氣方剛的李世民，作爲父親的得力助手，積極招募軍隊，部署賓客，結交長孫順德、劉文靜、裴寂、唐儉、殷開山、劉弘基、溫大雅、劉政會、竇琮等英傑，參與起兵的全部密謀和決策活動，爲起義作了大量的組織發動工作，遠遠地走在李淵的前面。爲了敦促父親李淵早日起兵，李世民採用種種辦法，終於使李淵下定決心，在晉陽宣布起兵，正式打出反隋的大旗，揮師西取長安。

大業十三年（公元六一七年）正月，李淵、王仁恭在抗擊突厥的戰爭中失敗，擔心煬帝降罪，心裡十分憂慮。李世民見父親心事重重，鬱鬱寡歡，便趁無人之機，跪在父親膝下，懇切地對父親說：「現在皇上無道，百姓黎庶，窘迫貧窮，晉陽城外都變成了戰場，父親若是拘守小節，下有反隋武裝的進攻，上有嚴厲刑罰的懲處，滅亡之日就在眼前。父親不如順從民意，率軍起義，一定能轉禍爲福，這是皇天給予的良機，不可錯過啊！」李淵聽後大吃一驚，佯裝發怒，教訓世民說：「你是世家子弟，知禮守法，怎能說出這種不忠的話來！現在我要將你捆綁，送交官府處置。」說罷，就鋪紙援筆，要寫表章。李世民見父親發怒，毫無懼色，從容不迫地說：「孩兒夜觀天象，隋朝氣數已盡，煬帝遲早要死在別人手中。父親若不起兵，必爲煬帝所害。人事如此，所以才敢發表自己的意見，父親一定要捆押孩兒送官，即使是死也不敢推辭。」李淵聽了世民的一番話，沉思良久，緩慢而又嚴厲地說：「我哪能忍心告發你，今後你說話要謹慎，不要口出狂言。」說罷，拂袖而去。

四、密謀設計

世民深知父親心懷疑慮，不敢貿然起兵，連忙出府，趕到劉文靜家中，密商對策。劉文靜閱歷深，見識廣，多權略。他認爲李淵雖然對煬帝的統治極端不滿，但也難以割捨君臣姻戚之情；也能看清動盪的形勢有機可乘，卻貪戀眼前的榮華富貴；雖有四方之志，卻不敢貿然冒險行事。所以難以用言語打動他，必須設一妙計，使他落入圈套，逼他破釜沉舟，起兵反隋。劉文靜略微思索了一下說：「晉陽宮副監裴寂與你父親交情很深，常常在一起飲酒談心、博弈，通宵達旦，不知疲倦，何不透過裴寂，以巧言勸你父親起兵反隋。」劉文靜解釋說：「裴寂不甘貧窮，好賭而貪財，你要設法與他豪賭，有意輸給他錢財，以此來接近他，向他詢問良策。這個人心多機竅，手段高妙，一定能夠勸說你父親起兵。」劉文靜中肯的分析和出的主意，使李世民豁然開朗，於是要劉文靜立即介紹裴寂與自己會面。李世民拿出私錢數百萬，暗暗結交原龍山縣令高斌廉，並託他與裴寂博戲豪賭，高斌廉巧妙地將數百萬錢全部輸給了裴寂，裴寂十分高興。後來知道是李世民託高斌廉相讓，十分感激，由此非常親近世民；每天跟著李世民騎馬郊遊。他們有時並馬而行，指點山川，縱論古今；有時憩於山岩，遠望雲天，暢談未來；有時席以草地，臥聽林泉，評論時局。他們談話投機，關係越來越密切融洽，於是，在靜謐的樹林間，李世民將自己的隱秘心事和盤托出，請裴寂勸說李淵起兵，並許諾大功告成，必以裴寂爲顯貴，賜封高官厚祿。利慾薰心的裴寂禁不住心中無比喜悅，胸有成竹地在世民耳邊一陣細語，說罷，兩人會心，不覺同時放聲大笑。笑聲驚飛了野禽，震動了山岩林泉。

五、落入圈套

一天夜晚，晉陽宮殿上，燭火輝煌，流金溢彩；絲竹引歌，婉妙清脆，悅耳動聽；舞隊翩躚，美目流盼，欲鬥花光。裴寂和李淵頻頻交杯祝酒，開懷暢飲。兩位絕色宮人在左右擁著李淵，交替執壺，顰笑相勸，把李淵灌得醉醺醺的。在這溫馨濃豔的氛圍中，李淵飲佳釀，聽笙歌，觀妙舞，彷彿到了神話般的仙境，吃了千年的人參果，十分的暢快。裴寂見時機已到，就對李淵說：「唐公不勝酒力，可到內宮休息片刻。」李淵朦朦朧朧，歪歪斜斜，不由自主地被兩位佳人扶向行宮之內，一頭栽倒在龍床上酣然睡去。這一覺睡得又甜又美，醒來之時，已是旭日東升，祇見兩名美人在兩側侍候，自己竟然臥在龍床，眼前都是御用之物，不由大吃一驚，頓時酒也醒了一半。想想昨夜飲酒之事，今日竟犯違禁死罪，心中祇覺惶恐不安無措手足。正在這時，裴寂進入寢宮拜見，從容不迫地說道：「你的二公子已暗中招兵買馬，蓄養壯士，欲舉大事。現在太原城中無人不曉，祇是瞞著您一人，還望唐公出面主持，興義兵反隋。」李淵方知中了世民、裴寂的圈套。氣得大罵世民爲逆子，竟敢謀反，自取滅門之禍，聲言回到府中，定斬不饒！裴寂見李淵發怒，連忙勸解說：「當今天下大亂，豪傑蜂起，城門外都是戰場。隋煬帝駕幸江都，阻隔重重，不能返回長安，必死無疑。煬帝左右皆奸佞，忠良累遭讒言陷害。唐公身爲邊防重臣，智勇雙全，屢建戰功，名聲顯赫，又應圖讖，煬帝常常猜忌您，難道能免禍嗎？現在我以行宮美女侍奉您，一旦事情洩露，你我二人都犯下了欺君大罪，必遭誅戮。今爲此計，乃是世民的遠謀。現在衆心協力，可轉禍爲福，若猶豫不決，必然連禍，後悔莫及，不知唐公意下如何？」裴寂的一番話，柔中有剛，剛中有柔，半是利誘，半是威脅，李淵平時又最信任裴寂，便順水推舟地說：「我兒誠有此謀，足見膽略過人，事已至此，當復奈何？祇好依從他罷了。」裴寂見李淵允諾，高興地喊道：「大計已定，帝業必成！」又連忙叫宮中內侍、美人向眞命天子跪拜、敬酒、口呼萬歲。李淵早已將憂慮拋到九霄雲外，樂得心花怒放，將內侍、宮人一一扶起。他又和裴寂密謀一番，然後在衛士簇擁下，回留守府準備起義大事。

六、義旗高舉

不久，煬帝派遣的特使來到太原，指責李淵和王仁恭在馬邑之戰禦寇不力，令特吏執縛二人赴江都請罪。李淵十分畏懼，不知如何是好？李世民、裴寂等聞訊後，紛紛前來相勸。李世民氣憤地說：「現在主上昏庸，國家大亂，盡忠有什麼好處？朝綱不整，法律失控，竟然怪罪到父親頭上！事情緊迫，應該早定大計，立即起兵。晉陽是軍事重鎮，武器精良，士馬強壯，宮監之內糧食絹帛蓄積巨萬，憑藉這些起兵，何患大業不成？代王楊侑年幼無知，將隋軍主力調往東都洛陽，鎮壓瓦崗義軍，自己苦守長安孤城。關中空虛，豪傑並起，如果父親率軍西進，撫慰他們，他們必然雲集響應，從者如流。奪取天下猶如探囊取物，爲什麼要受使者的囚禁，坐取夷族滅門之禍呢？」衆人齊聲說：「事情緊迫，還望唐公早作決斷。」李淵思慮良久，仰天長嘆道：「你們的意見，很有道理。我與隋室有親，情深義重，本不應起兵反隋，但昏君無道，致使天下大亂，又猜忌殘忍，尤忌諸李，我若不思變通，必步李金才後塵，爲他人所害。現在起兵向西，於私則圖存，於公則拯亂，希望諸公不顧破家亡身，齊心協力，解民於倒懸，建功立業，共圖富貴。」李淵說完，個個興奮，無不摩拳擦掌，躍躍欲試。李淵接著密遣使者到河東召長子建成、三子元吉，到長安召女婿柴紹回太原。又令世民、劉文靜、長孫順德、劉弘基等以平亂名義召募兵員。大業十三年（公元六一七年）五月，李世民又協助父親，設計除掉煬帝的親信副留守王威、高君雅，正式宣布起兵，打出了反隋的大旗。

李世民以他特有的膽識、謀略，促使李淵舉起反隋大纛，是奠定李唐基業的重大舉措，是開創唐室三百年江山邁出的具有決定性意義的第一步。

西取長安

西取長安，是李唐政治軍事集團的重要決策和偉大戰略。這是劉文靜建議而由李世民提出來的。李世民又是這一決策、戰略的堅決維護者和執行者，爲奠定唐室基業，開拓江山，立下了卓越的功勳。

一、進退之爭

晉陽起兵，西進關中。消息傳到長安，代王楊侑十分震驚，立即派遣虎牙郎將宋老生率領精兵三萬屯駐霍邑，又遣左武侯大將軍屈突通鎮守河東，互相呼應，阻擋李淵大軍的進攻。李淵大軍沿汾河東岸南下，經雀鼠谷，行到離霍邑西北五十里的賈胡堡駐紮，正好遇上連綿大雨，道路泥濘，大軍受阻，與宋老生的隋軍相持月餘。此時，糧草將罄，將士浮躁，劉文靜出使突厥未還，軍中謠言四起，「傳突厥與劉武周乘虛襲晉陽，淵召將佐謀北還」（《資治通鑑》卷一百八十四），於是領導集團中出現了兩種意見：裴寂等大多數人認爲，宋老生、屈突通連兵據守險要，不能輕易猝然攻下；李密雖說要與唐軍聯合，但奸謀難測；突厥貪婪而不講信用，祇顧眼前利益；劉武周是事胡的敗類。太原是一方都會，義兵的家屬都在那兒，不如回師太原，還救根本，然後徐圖大舉。唯有李世民獨持異議，主張奪取霍邑，進取長安。他慷慨激昂地說：「今禾菽被野，何憂乏糧？老生輕躁，一戰可擒！李密顧戀倉粟，未遑遠略。武周與突厥，外雖相附，內實相猜，武周雖遠利太原，豈可近忘馬邑？」（《資治通鑑》卷一百八十四）他對形勢的分析多麼中肯！他又說：「我們舉義旗，反暴君，應該奮不顧身，解民倒懸，救拔蒼生。佔領長安，奠定基業，號令天下，才是根本的根本，怎麼能遇小敵，信流言而旋踵回師呢？統帥若鬥志鬆懈，畏葸不前，我擔心從義的兵衆，軍心動搖，自行走散。義軍一朝解體，還守太原孤城，朝廷視我爲盜賊，率兵征伐，又怎能保全呢？前進，就能成就大業；後退，祇有絕路一條。待天氣轉晴，我願爲前鋒，直攻霍邑，斬宋老生首級，以獻麾下！」李世民的激烈言辭，使李建成等許多謀士將領爲之動容，爲之心折，都表示要隨李世民奮勇向前，絕不後撤。然而，李淵缺乏遠大的戰略思想，目光短淺，顧慮重重，不圖進取，仍然聽從裴寂等人的意見，促令左軍率先回師北上。

二、哭諫追師

李淵的決定，使李世民又氣惱，又焦急。他躺臥在軍帳中輾轉反側，憂思難眠。他步出帳外，遙望夜空。此時，雨住雲散，皎潔的月光將寂靜的軍營鍍上了一層銀輝。難道能讓數萬忠勇的將士風流雲散，難道能讓剛剛興建的大業半途而廢？這個決定是極大的錯誤，他心不甘，心不甘！要挽救即將解體的義軍，要挽救即將失敗的局面。他拿定主意，去見父帥，要他收回成命，一意西征。來到中軍帳，父親已經酣然入睡，衛士不准他入內晉見。他再三解釋有軍機大事，請務必通報。衛士以「主帥有令，不得擅自入內」，嚴詞拒絕。李世民無奈，徘徊帳外，想起起義的前後，多少事務，多少困難，多少煩惱，都走過來了。想到苦心經營的義軍即將解體，想到初建的大業即將毀於一旦，想到今後的前景一片黯淡，一陣心酸，不覺悲從中來，禁不住流下數行英雄淚，最後忍不住大放悲聲，嚎啕痛哭起來。這哭聲，搖醒了沉睡的夜空，震撼了寂靜的軍營，驚醒了夢中的李淵。李淵惱怒地喝問：「誰敢如此大膽，在中軍帳外大哭？」左右稟報：「是敦煌公右領軍大都督在外痛哭，我們勸止不住。」李淵無比驚異，連忙召李世民進帳，詢問他爲何如此悲傷？世民跪在父帥膝下，眼淚簌簌下落，哽咽著說：「今兵以義動，進戰則克，退還則散。衆散於前，敵乘於後，死亡無日，何得不悲？」（《資治通鑑》卷一百八十四）李淵聽罷，突然醒悟，急忙說：「你所言道理，確實不錯，我祇考慮將士家眷盡在晉陽，有後顧之憂，沒想到進戰則勝，退還則敗的道理。幸虧你提醒我，險些誤了大事。祇是撤軍的命令已經發出，奈何？」世民道：「右軍嚴整，沒有出發，左軍雖已出發，估計未走多遠，請父帥下令追回左軍。」李淵望著世民削瘦而沒脫淨孩子氣的臉說：「我事業的成敗，都在你身上，還有什麼不放心，你祇管去吧！」當世民騎著戰馬的背影消失在夜的遠方時，一陣憐愛痛惜之情油然而升，禁不住眼睛潮濕了。

三、智取霍邑

追回左軍，全軍聽說要進攻霍邑，士氣倍增，無不振奮。雨後初霽，將士們曬被褥，晾鍚仗，整行裝，個個摩拳擦掌，人人秣馬厲兵，待命進軍霍邑。沒幾天，太原糧食運到。軍營內，步軍操練，刀光閃爍；軍營外，騎兵馳馬，塵土飛揚。時機已經成熟，義軍將士沿東南山麓曲折小徑，直趨霍邑城下。李淵擔心宋老生固守城池，對建成、世民說：「天氣晴朗，我軍士氣正旺，正是攻城良機，若老生膽怯不戰，閉門堅守，以老我師，使我軍進退失據，應該怎麼辦？」李世民獻計說：「宋老生祇有匹夫之勇，毫無謀略，如果多派輕騎到城下，又編造謊言謾罵他，揚言他曾經與我們約定合謀反隋，指責他如今卻閉城觀望，首施兩端，背信棄義，居心何在？宋老生一定會擔心他的部下將此事上奏朝廷，爲了表明心跡，他怎敢不出戰？等他出城，我們設下埋伏，誘其上鉤，可一戰而擒老生，然後乘勝發起攻擊，必定佔領霍邑！」李淵很欣賞這一謀略，對他說：「你估計不錯，老生不敢前往賈胡堡迎戰，我知道他沒有作爲，現在就按你的計謀而行。」李淵親率數百騎兵先到霍邑城東數里處以待步兵，派建成、世民率數十騎到霍邑城下，沿城巡視，揮鞭指點，好像要包圍城邑，又讓騎兵高聲大罵老生。老生果然中計，直氣得怒髮上指，兩目圓睜，親率三萬人馬從東、南門分道殺出，背城列陣。李淵派大將殷開山急忙去招後軍，打算讓他們先飯後戰。李世民說：「機不可失，失不再來。」於是李淵與建成聯合列陣於城東，命世民與柴紹列陣於城南。李淵見宋老生不肯離城前進，便率軍後退。宋老生以爲唐軍膽怯，便麾軍疾進，向李淵所率唐軍壓過來，恰好這時建成墜馬，宋老生乘機發起攻擊，離城數里，雙方才紮住陣腳，恰好殷開山率領的後軍趕到，列陣抵擋隋軍。此時李世民和軍頭段志玄又率軍自南原衝下峻坂，衝斷老生的陣勢，從背後殺來，截斷了老生的歸路。李世民揮動雙刀，左劈右砍，殺死隋軍數十人，鮮血染紅了征衣。李淵的軍隊復振，同李世民、李建成的軍隊夾擊隋軍，並四處大喊：「活捉了宋老生！」隋軍一聽宋老生被俘，剎時軍心大亂，丟盔棄甲，紛紛向城門潰逃，被唐軍攔住截殺，又死傷大半。宋老生右衝左突，且戰且逃，退至城門。守城軍士見主將敗回，而唐軍已至城下，不敢開門。就從城頭放下一根大繩，讓老生攀繩而上。宋老生滾鞍下馬，抓繩拚命攀登，不料大繩被唐軍射斷，宋老生不幸跌進塹溝，恰好唐軍大將軍劉弘基趕到，斬其頭，號令三軍。

守城隋軍將士，見主將被斬首，無不心寒膽落，投戈棄城，作鳥獸散。李淵下令登城，祇見人喊馬嘶，煙火衝天。當時幾乎沒有攻城器械，但義軍戰士都能克服困難，攀援而登，或短兵相接，或徒手搏鬥，很快攻佔霍邑。此時，在陽光的照耀下，城頭上大旗獵獵招展，蔽天映日；義軍戰士的歡呼聲搖天撼地，響徹雲天。試想，沒有李世民在最困難的時候堅持西進的戰略方針，沒有李世民在關鍵時哭諫追師，挽救即將離散的義軍，沒有李世民智激老生，英勇奮戰，能取得攻佔霍邑的輝煌戰果嗎？

四、兵分兩路

攻佔霍邑後，李淵揮軍西進，克臨汾，佔絳郡，收孫華，降蕭造，進圍河東。屈突通環城自守，急難攻下。李淵想西趨長安而猶豫不決，於是召開軍事會議。裴寂振振有辭地說：「屈突通擁重兵，固守堅城，如果撤圍而去，不能攻克長安，就會腹背受敵，非常危險。」他極力主張先克河東，再圖西進。李世民反駁說：「常言說：兵貴神速。我們憑藉屢戰屢勝的兵威，撫慰四方，又取永豐倉賑窮濟貧，關中豪俊一定會風從響應，然後鼓而西進，長安必然震駭恐懼，我們若能抓住戰機，攻佔長安，就如振動落葉一般。兵法說，智不及謀，勇不及斷，若在堅城之下淹留，耗時費日，使我軍疲憊不堪，必然神頹志沮，衆心離散。而隋軍得以喘息，脩備以待，乘勢攻擊我軍，那時要復振大業就遲了。再說關中蜂起的豪傑，還沒歸附，我們應迅速去招安，屈突通據守孤城，有什麼值得憂慮？」李淵認爲很有道理，於是分兵，留衆將圍困河東，親自與世民、建成率大軍挺進關中，進展神速。世民率前軍渡黃河巡行渭北，三輔英俊，關中豪俠，無不傾心歸附，李世民一一接納，以備僚屬。駐軍涇陽，勝兵達九萬。率軍前往司竹，李仲文、何潘仁、向志善等豪傑率衆跟隨，駐紮阿城，勝兵達十三萬。十月，李淵至長安。諸軍皆集，世民指揮二十萬大軍合圍長安，祇見古都之下人歡馬躍，戰旗如畫，修塹的、築壘的、運糧草的、磨刀劍的、繕雲梯的，到處是一派決戰前的繁忙景象。

五、進佔長安

李淵曉諭隋刑部尚書衛文昇、左翊衛將軍陰世師、京兆郡丞骨儀等，欲尊代王楊侑，衛文昇等不與理會，想固守待援，負隅頑抗。爲了抓住戰機，攻佔長安，實現偉大戰略目標，甲辰日，李淵令全軍將士攻城。陰世師、骨儀督軍死守，戰鬥非常激烈。城上箭矢如雨，擂木滾石一起拋下，又火燒雲梯，義軍將士傷亡甚重，馮翊太守孫華中流矢身亡。李世民決定停止攻擊。他召集衆將精心組織，重新部署，於十一月丙辰重新發起進攻。他親臨前線，騎駿馬，來往飛馳；冒石矢，指揮戰鬥。他將生死置之度外，極大地鼓舞了將士。他們不避石矢，前仆後繼，吶喊衝殺，如大海波濤，一浪高過一浪，直撲城頭。軍頭雷永吉率軍架雲梯最先登上城頭，將士魚貫而上，打開城門，大軍一湧而入，終於攻佔全城。

李淵進駐長安，立楊侑爲隋恭帝，自己掌朝政，約法十二條，廢除隋朝苛法禁令，深得民心。李淵自封唐王，以建成爲世子，世民爲秦公，元吉爲齊公。大業十四年（公元六一八年），宇文化及縊殺隋煬帝於江都，消息傳到長安，五月戊午日，李淵迫楊侑禪位於己，正式稱帝，國號「唐」，建元「武德」，立建成爲太子，世民爲秦王，元吉爲齊王。李世民取長安，爲大唐奠定基業，開拓江山，做出了卓越貢獻，功勛顯赫。此後，李世民就以秦王的身分活動於政治舞臺，躍馬橫槍，叱吒風雲於隴西關東。

削平隴西

攻佔長安，建立政權，祇是邁出了成功的第一步。擺在李淵父子面前的艱巨任務是芟夷大難，削平群雄，一統山河。當時，主要的割據勢力有隴西的薛舉、馬邑的劉武周、洛陽的王世充和河北的竇建德。李世民雄姿英邁、精通將略，在攻佔長安的二十萬軍隊中，其直屬部隊便佔十九萬，聲望極高。因此指麾和領導統一戰爭的重任，自然地落在年僅二十一歲的李世民身上了。此後，他統帥千軍萬馬開始了長達數年的艱苦卓絕的戰爭生涯。

一、威震薛舉

李世民首先將平亂的矛頭指向隴西的薛舉。薛舉是盤踞北方邊地的豪猾，

「容貌瓌偉，兇悍善射，驍武絕倫」（《舊唐書‧薛舉傳》）。爲人苛酷暴虐。其子薛仁杲膂刀過人，善於騎射，軍中號稱「萬人敵」。薛舉擁兵十三萬，僭號稱帝於蘭州。大業十三年（公元六一七年）十二月，薛舉派遣仁杲率軍侵擾扶風，乘唐弼放鬆戒備，襲破汧源，擁有其衆，號稱三十萬，想圖謀京師。聽說李淵已定長安，於是轉而圍攻扶風。消息傳到長安，唐王李淵召集諸將和謀士商議。李世民認爲隴西是長安通向西北的長廊，也是長安的後院。隴西不平，便有後院起火之憂。要想出關東征，削平群雄，也必須解除後顧之憂，首先平定隴西。於是李淵命李世民率軍征討薛仁杲。世民輕騎在前衝鋒，步軍跟隨在後，出其不意，突入敵陣，大破仁杲於扶風，仁杲率敗兵慌忙逃竄，李世民率輕騎直追到隴山，方才回師。李世民初次西進使薛舉父子十分畏懼，自此聞風喪膽。

二、違令敗績

武德元年七月，豐州總管張長遜進擊宗羅睺，薛舉率軍增援，侵犯涇州，軍屯高墌，縱兵擄掠，到達豳州、岐州一帶。李淵任命李世民爲元帥與八總管統率大軍進剿薛舉，駐紮高墌城。李世民估計薛舉的軍隊精銳強悍，糧草不多，意在速戰。於是採用「以靜制動」，以逸待疲的策略，命令全軍掘深溝大塹，築壁營壘，養精蓄銳，不與交戰。等到薛舉糧草罄盡，軍隊疲憊衰竭，準備後撤時，抓住戰機，追擊殲滅之。恰好這時李世民患瘧疾，身體不適，就將軍務大事交給長史劉文靜和行軍司馬殷開山，並警誡他們說：「薛舉孤軍深入，糧少兵勇，利在速戰。我軍祇能相持，不宜爭鋒，待其糧盡，然後可圖。如果他們前來挑戰，要謹慎小心，不必應戰，等我病癒，再爲諸君破敵。」殷開山認爲不應把強敵留給秦王，慫恿劉文靜與敵爭鋒，於是率大軍在高墌城西南擺開陣勢，炫耀兵力，倚仗兵馬衆多，不設防備。李世民接到兵報，知道必敗，急忙寫信責備二人。信使未至，而薛舉已乘其不備，發起進攻，在淺水原展開大戰，唐軍戰死的達十分之五六，劉弘基、李安遠等淪爲囚虜。殷開山、劉文靜受到除名的處分。

三、大敗羅睺

八月乙酉日，李淵又以李世民爲元帥，率大軍征討薛仁杲，駐紮高墌。這時薛舉已死，仁杲繼位，派宗羅睺率兵抵抗。李世民任羅睺軍士在營門外辱罵挑戰，祇是堅守壁壘，不與理會。衆將個個氣憤塡膺，紛紛請戰。世民婉言相勸：「我軍新敗，士氣沮喪，賊恃勝而驕，有輕我心，宜閉壘以待之。彼驕我奮，可一戰而克也。」（《資治通鑑》卷一百八十六）世民精通兵法，「閉壘」不出，折敵銳氣，待其衰竭，然後一舉破敵，是很明智的。他又下令說：「敢言戰者，斬！」唐軍以靜制動，與薛軍相持六十餘日。仁杲勇而無謀，糧食將盡，其將梁胡郎、翟長孫率部來降，連仁杲妹夫鐘俱仇也以河州歸附。李世民知道仁杲將士離心，銳氣大減，就命行軍總管梁實紮營淺水原誘敵。宗羅睺非常高興，率所有精銳，發起攻擊。梁實堅守險要，沒有水喝，也不出戰。羅睺進攻更加緊迫。世民估計敵軍已經疲憊，便對諸將說：「可以出戰了！」黎明，遣右武侯大將軍龐玉在淺水原列陣，宗羅睺率軍拼命攻擊，龐玉拼命抵抗。這時李世民親率大軍自淺水原北面出其不意，發起攻擊，宗羅睺以爲唐軍從天而降，慌忙率兵回頭迎戰，世民率驍勇善戰的幾十名騎兵首先踐踏敵陣，內外夾擊，吶喊拼殺，殺得薛軍屍橫遍野，斬首數千級，掉進深谷大澗的更是無計其數。薛軍個個亡魂，人人喪膽，羅睺隻身如喪家之犬，落慌逃竄。

四、逼降仁杲

李世民帥二千餘騎精銳欲乘勝追擊，直趨折墌。竇軌執轡苦諫說：「雖破羅睺，但薛仁杲還據守堅城，不能輕率前進，請按兵觀察，待時而動。」世民胸有成竹地說：「我考慮這事很久了，我兵威已振，如破竹數節，乘勢可迎刃而解，機會不可錯過啊！」於是倍道兼程，奮兵追擊，直抵折墌城。仁杲率軍在城下列陣，世民率輕騎據涇水與薛軍相對。薛軍被唐軍威勢震懾，驍將渾幹等數人到唐軍陣前投降。仁杲十分畏懼，於是率軍入城防守。傍晚，唐軍大隊人馬陸續到來，將折墌城圍得水洩不通。夜半，守城將士紛紛爭著投下。仁杲無計可施，祇好率百官出降，隴西遂平，諸將都來道賀，問世民說：「大王雖大敗羅睺，卻捨棄步軍，又無攻城戰具，竟然率領輕騎直抵折墌城下，大家都以爲不能攻克折墌城，而終於攻下，這是什麼原因呢？」世民微笑著說：「宗羅睺所率領的軍隊，都是隴外人，將領驍勇，士卒兇悍。他們輕視我軍，傾巢出動，與我軍交戰，我祇是出其不意地攻破他們，斬首俘獲不多，如果不能抓住戰機，行動遲緩，敗軍都逃歸折墌城。仁杲安撫並任用他們，就不容易戰勝了。我軍行動疾速，敗軍就散歸隴外，折墌城內空虛勢弱，仁杲恐懼膽裂，來不及謀劃，這就是我軍戰勝的原因啊！」衆將聽後，無不心悅誠服。凱旋獻捷，李世民官拜太尉，兼陝東道行臺尚書令，鎮長春宮，節制調度關東兵馬。

李世民削平隴西，是因爲他能正確地分析雙方的軍事形勢，採取了以靜制動，以守爲攻的策略。他熟諳軍事權謀機變的奧妙，出奇兵大敗羅㬋，逼降仁杲。隴西的平定，保證了後院的安全，爲唐軍東進，解除後顧之憂。再次顯示了李世民的機智果斷以及出色的軍事膽略和高超的指麾藝術。

克復汾晉

李世民平定隴西不到一年，割據馬邑的劉武周勢力迅速擴張，席捲汾晉，佔領重鎮太原。剷平武周，克復汾晉的重任又義不容辭地落到李世民的肩上。

一、誓滅武周

當初，劉武周竊據馬邑，進佔汾陽宮，以隋宮人賂贈突厥始畢可汗，始畢回贈他馬匹和狼頭纛，於是兵威大振，僭稱皇帝。武德二年（公元六一九年）六月，劉武周與賊帥宋金剛結交，派遣金剛率三萬大軍侵犯并州，武周又襲破榆次，攻陷介州。李淵派左武威大將軍姜寶誼和太常少卿李仲文率兵征討武周，兵敗被俘。又遣右僕射裴寂率軍抵抗，被宋金剛打得大敗。劉武周進逼并州，總管齊王李元吉棄城逃跑，武周進佔李淵帝業興起的基地太原。又取晉州，劉弘基再次陷爲囚虜。金剛又陷澮州。此時，夏縣人呂崇茂殺縣令以應武周，河東賊帥王行本佔據蒲州，與宋金剛暗地勾結，劉武周幾乎全部佔領汾晉，形勢嚴峻，關中驚駭震動。李淵手書詔敕說：「賊勢如此浩大，同他們爭鋒十分困難，應該放棄黃河以東的地區，謹愼地防守關西。」李世民認爲武周「偶恣鴟張」祇是一隻「竊鼠」而已。於是上表說：「太原是帝業興起的基地，立國的根本，河東富足殷實，是京都糧食資用的依託，若全部拋棄，我私下感到憤怒和遺憾，希望陛下給臣精兵三萬，必定平定消滅武周，克復汾晉。」於是，李淵調發關中軍隊，由世民統帥，征剿武周。

二、與敵周旋

十一月，李世民率關中大軍，浩浩蕩蕩，直趨韓城龍門，乘堅冰，渡黃河，駐軍柏壁，與宋金剛對峙。世民深知劉武周驍勇善射，十分張狂；宋金剛兵鋒甚盛，氣焰正熾。於是教諭百姓，徵集軍糧，休兵秣馬，堅壁不戰，祇派遣偏裨將佐率少量士卒乘間隙抄掠，於是，賊勢日趨衰滅。一天，世民親率輕騎深入敵境，偵察敵情，騎兵都已四散。李世民單獨與一甲士登上土山躺臥休息，不覺睡著了，俄而賊兵四面合圍，開始沒有察覺，恰巧有一條蛇追逐老鼠，觸著甲士的臉。甲士驚醒，搖醒李世民。二人連忙上馬，世民用強弓大羽箭射殺敵人猛將，方才脫險。十二月，世民偵知金剛部將尉遲敬德，尋相率兵回澮州，於是調兵遣將，在他們必經的要道上埋設伏兵，阻攔截擊。尉遲敬德、尋相率軍行至美良川，突見「唐」字大旗迎風招展，兵部尙書殷開山從左邊殺出，總管秦叔寶從右邊殺來。敬德，尋相見中埋伏，慌不擇路，棄軍兔奔鼠竄。不久，尉遲敬德、尋相率精銳騎前往蒲反支援王行本，世民親率步騎三千，連夜抄小道直趨安邑，阻截攻擊，大破敵軍，祇有敬德、尋相獲免，其餘全部被俘。世民回軍依然堅守柏壁。世民採用與敵周旋的策略，兩次阻截的勝利使將士銳士猛增。諸將紛紛請求與宋金剛決戰，李世民解釋說：「金剛懸軍深入，精兵猛將，咸聚於是，武周據太原，倚金剛爲扞蔽（屏藩），軍無蓄積，以虜掠爲資，利在速戰。我閉營養銳，以挫其鋒。分兵汾隰，衝其心腹。彼糧盡計窮，自當遁走。當待此機，未宜速戰」（《資治通鑑》卷一百八十八）。

三、勇追窮寇

機會終於來了。武德三年（公元六二〇年）四月，不出世民所料，金剛軍中糧盡，祇好率領饑餒的士卒向北逃竄。世民大開營壘，率軍追擊，一直追到呂州，把金剛屬將尋相打得大敗。又追擊逃敗的敵兵，一晝夜行軍二百餘里，雙方交戰幾十回合。到達高壁嶺，總管劉弘基拉住馬韁勸諫說：「大王率軍追逐敵軍到達這裡，功績已經夠顯著了，像這樣不停地深入追擊，能不愛惜自己的身體嗎？況且士卒飢餓疲憊，應該在此紮營休息，等到軍糧畢集，然後再進兵，也不遲啊！」世民懇切地勸道：「金剛計窮而走，衆心離沮（離散沮喪）。功難成而易敗，機難得而易失。必乘此勢取之。若更淹留，使之計立備成，不可復攻矣！吾竭忠徇國，豈顧身乎？」（《資治通鑑》卷一百八十八）話音一落，猛抽一鞭，那馬又飛奔起來，將士們也不敢再談饑餓的事。

李世民率領將士不顧疲勞，一直追到介州的雀鼠谷，趕上了宋金剛，一天之內，與宋金剛進行了八次血戰，把宋金剛打得大敗，俘虜斬殺的敵軍有幾萬人。夜晚，唐軍在雀鼠谷西原宿營，世民已經兩天沒有吃一口飯，三天沒有解甲睡一會兒覺。當時，軍中祇有一隻羊，將士們把牠烤熟了，李世民與大家分著來吃。

次日，李世民率軍抵達介休城。宋金剛率領二萬甲士，出西門背城列陣，戰陣長達七里，想與唐軍決戰。李世民派世勣、饒金、叔寶率軍抵擋他的北面，翟長孫、秦武通抵擋他的南面。諸軍與賊衆接戰，略微退卻，賊衆乘勢發起攻擊。這時世民親率精銳騎兵，出其不意，從賊兵陣後直衝過來，猛烈攻擊。一個個如猛虎撲羊，橫衝直撞，左砍右劈，殺得賊兵膽寒心驚。這時南北諸軍復振，回兵夾擊，金剛大敗。唐軍斬首三千餘級。金剛率輕騎慌忙奔逃，世民率左右輕騎追擊數十里至張難堡。這時，尉遲敬德收餘部守介休，世民派李道宗、宇文士及前往曉諭，敬德、尋相和張萬歲率軍獻介休、永安二城投降。武周聽說金剛大敗，十分畏懼，於是於棄幷州，率五百騎向北逃竄，經乾燭谷奔往突厥。宋金剛收集殘部，想與唐軍再戰，但沒有人願意跟隨他，他祇好率百餘騎奔往突厥（後來，劉武周想逃回馬邑，被突厥殺死；宋金剛欲逃回山谷，被突厥追獲腰斬）。世民率軍進佔并州，逼降晉陽。自此，劉武周所佔州縣，全部收復。

四月甲寅，李淵下詔到軍中，加任世民爲益州道行臺尙書令。五月辛卯，世民率軍凱旋，報捷長安。世民僅用半年時間就殄滅了武周、金剛，克復了汾晉，保證了關中的穩定和河東百姓的安居，增強了唐王朝的軍事力量。這次戰役，爲攻克洛陽，奪取中原，控制整個黃河流域做好了政治、軍事和經濟上的準備。這次戰役再一次表現了李世民的英勇、頑強、機智、果決和與將士同甘共苦的優秀品質，再一次顯示了他出色的軍事膽略和高超的指麾藝術。

智取洛陽

削平劉武周後，武德三年（公元六二〇年）七月，李世民奉命督帥諸路兵馬出潼關，直奔東都洛陽，征討王世充。

一、世充其人

王世充，原爲江都丞兼江都宮監。煬帝多次駕幸江都，世充得以親近。他「善候人主顏色，阿諛順旨。」煬帝被突厥困於雁門，世充「蓬首垢面，悲泣無度，曉夜不解甲，藉草而卧」（《舊唐書·王世充傳》），因工於心計，矯情似忠，深得煬帝信任。他先後率兵擊敗朱燮、孟讓、格謙、盧明月等反隋武裝，所以煬帝認爲他有將帥之才，便派他節度各路軍馬，攻擊李密的瓦崗軍。等到煬帝被縊，李密敗逃歸唐，即誅殺異己，在洛陽立越王楊侗為帝，專總朝政。不久，又廢楊侗，南面稱帝，改國號「鄭」。成了唐王朝在東方最大的敵對勢力。李世民率大軍東進河南，旨在殄滅這一勍敵，攻佔洛陽，平定中原。

王世充聽說李世民率大軍進攻洛陽，萬分恐懼。於是調精兵，選驍將，設四鎮將軍，分守洛陽四城。命他們聚糧草、築壁壘、修器械，嚴陣以待。又派宗室諸王分赴虎牢、襄陽、懷州等戰略要地督師防守。世充佈置妥當，則坐鎮宮城，以聽歌觀舞取樂，以酣飲長醉解憂，等待唐軍到來。

二、初戰告捷

壬午，唐軍到達離洛陽以西七十里的新安。懾於唐軍的聲勢軍威，王世充一面進一步加強對洛陽的防守，一面親率三萬府兵準備迎戰唐軍。世民進駐穀州，派十九歲的驍將羅士信率部圍攻鄭軍西線的據點慈澗，世充親率三萬府兵救援，展開激戰。為了窺探敵情，世民率輕騎觀察敵人營壘。半途，突然與世充率領的大軍遭遇。世充見世民左右祇有數騎，便令衆將四面合圍，擒獲世民，一舉擊敗唐軍。他的幾員大將也認為這是天賜良機，便率領騎兵將李世民及隨從包圍起來。這裡地勢險峻，道路狹窄。但世民處險不懼，臨變不驚，指揮隨騎，左馳右射衝殺，使敵人無法靠近。世民使用強弓大箭，敵人無不應弦斃命。世充見狀大驚，鄭軍將士也心驚膽落，刀槍不舉。世充並不死心，嚴令左建威將軍燕琪擒拿世民。燕琪見世民英勇威武，箭藝高妙，刀法精奇，早已心驚膽裂。但他不敢抗命，祇好拍馬挺槍，直取世民。世民見燕琪來戰，交戰一合，回馬便走，等燕琪趕上，將燕琪的槍輕輕一撥，馬已並齊，然後輕舒猿臂，抓住燕琪條帶，將他提過馬來，殺出隘口，世充眼睜睜地看著世民突圍而去，驚得目瞪口呆，那裡還想到派兵追趕，半晌才回過神來，帶著軍隊怏怏回洛陽。

三、「文攻」謀略

慈澗之役，首戰告捷。大長了唐軍威風，大滅了鄭軍志氣。次日，世民率五萬步騎進駐慈澗。他深思熟慮，成竹在胸，有條不紊地部署圍攻洛陽的陣勢：令行軍總管史萬寶從宜陽南佔據龍門，將軍劉德威從太行東圍困河內，上谷公王君廓從洛口截斷鄭軍餉道，懷州總管黃君漢從孝水河率舟師襲取迴洛城。世民親率大軍駐紮北邙山，連營逼近，對洛陽形成合圍夾擊之勢。世民思慮周全，部署周密，深得部將信賴和敬佩。

部署停當，李世民留下世勣、齩金、叔寶和玄齡，如晦商議攻取洛陽的謀略。最後，世民綜合大家的意見，深入分析，提出了新的策略。他說：「王世充佔據洛陽，擁有中原，地廣人衆。自擊敗李密的瓦崗軍後，聲勢浩大，兵精糧足，千萬不可掉以輕心。但他不得人心，在江都時，對「上則諛佞詭俗，以取榮名；下則強辯飾非，以制群論」（《舊唐書·王世充傳》）。他立楊侗爲帝，總攬朝政，常以甘言悅下，「實無施恩」，器度淺狹，猜忌信讒，所以像知節、叔寶這樣的猛將都離他而去。他威逼楊侗禪位，僭號稱帝後，其鄙陋、狹隘、猜忌、貪婪、奸黠、殘忍的本性更加暴露無遺，他常常殺人立威，衆心不服，連裴仁基、裴行儼父子這樣的將才都慘遭殺害。歸附的瓦崗將士，衆多不安；新佔的州鎮，根基不牢。若能深明大義，堅持既往不咎，有功升賞的原則，凡舉義旗歸順的，依舊官任原職，統帥所屬，治理原地。再請屈老將軍以原來隋朝名將的身分勸降隋朝文武官員，世勣、皾金、叔寶以瓦崗舊部的名義聯絡先前部衆，則洛陽四圍州縣，可不戰而克，傳檄而定。如此，洛陽就會孤立無援，成爲一座孤島，怎麼會攻不破呢？」衆人以爲世民分析中肯，對敵情瞭如指掌，一致贊同世民採用「文攻」的謀略。

由於這一策略的實施，數月之間，洧州長史張公謹與刺史崔樞、尉州刺史時德叡、濮州刺史杜才幹、世充大將張鎭周、管州總管楊慶、滎州刺史魏陸、汴州刺史王要漢、隨州總管徐毅、梁州總管程嘉會、懷州刺史陸善宗都先後率部及州城來降。李世民制定的「文攻」謀略，是他主管的政治、軍事集團智慧的結晶。這一謀略分化、瓦解了王世充的軍事集團，打擊了「鄭國」的政權，使洛陽成了唐軍包圍下的一座孤城。唐軍很快實現了對洛陽的包圍。

四、大顯神威

在這期間，九月辛巳，李世民與諸將率五百騎兵在楡窠一帶圍獵，他們到達離洛陽約七里的宣武村，登上北魏宣武帝元恪的景陵，舉目眺望連綿的邙山，見王世充率領數萬步騎向景陵包圍過來，此時世民身邊祇有數騎，形勢十分危急，世充手下驍將單雄信，善使長槊，膂力過人，十分勇猛。他一馬當先，舉槊直趨世民。世民連忙策馬，沿著荊棘叢生的小徑向唐營奔馳，單雄信也提槊策馬緊緊追趕，祇見兩團煙塵向前滾動，越來越近，情勢險惡。正在關鍵時刻，唐營猛將尉遲敬德舞動雙鞭，猶如從天而降，從旁殺到，連聲大喊：「休傷我主！」這一喊，猶如半空中響起一陣霹靂，使單雄信大吃一驚，連忙回馬來戰。敬德躍馬大呼，揮鞭橫掃雄信，雄信立鐙不穩，墜於馬下，被鄭軍將士搶了回去。世充兵馬被敬德威猛震懾，稍卻。敬德急忙護送世民突出重圍，安全回營。世民斷定世充數萬兵馬遍佈山野，難以回軍，容易攻破。於是與敬德率輕騎迅速出擊，又命屈突通率大將接應。世民、敬德率騎出入敵陣，往返衝殺，猶入無人之境。敬德大顯神威，格殺數十人，擒獲世充手下冠軍大將陳智略。不一會兒，屈突通率唐軍漫山遍野殺來，鄭軍大敗。楡窠一仗，唐軍大顯威風，斬首千餘級，俘獲排矟兵六千餘。世充率殘兵敗將退據洛陽城。回營，世民賞敬德金銀一篋，引爲心腹。

武德四年（公元六二一年）春，爲了更有效地消滅敵人，世民選精練勇銳士卒、良馬各千，分爲左右兩隊，由武藝絕倫，勇冠三軍的秦叔寶、程知節和尉遲敬德、翟長孫分別率領，皆皂衣玄甲，號稱「玄甲軍」。玄甲軍勇猛強悍，所向無敵，是世民親自掌握的戰略預備隊，體現了李世民奇特的戰略戰術思想。玄甲軍常常出現在情況緊急和最危險的地方；一次，突屈通、竇軌率兵巡行謀劃駐軍的地方，突然遭到鄭軍的襲擊，戰鬥不利，世民率玄甲軍援救，大敗世充，俘虜他的騎將葛彥璋，此後，鄭軍見玄甲軍就望風披靡。

五、城下鏖戰

很快地，雙方戰爭進入相持階段。二月辛丑，世民將軍隊轉移駐紮到城西禁苑的青城宮，唐軍正構壁築壘，立營未穩。世充正在尋找戰機，消滅唐軍，便率兩萬府兵從方諸門殺出，想憑藉原馬坊的牆垣、溝塹臨穀水列陣。唐軍將士見鄭軍傾巢出動，驚懼異常。世民親率精銳騎兵，列陣於北邙山。他登上景陵觀察敵情，胸有成竹地說：「賊勢窘矣，悉衆而出，徼幸一戰，今日破之，後不敢復出矣！」（《資治通鑑》卷一百八十八）遂命屈突通率步兵五千渡穀水出擊，並告誠說：「若與鄭軍短兵相接，就放煙火為號。」屈突通按計而行。世民見濃煙滾滾，火光映天，立即身先士卒，率騎兵向南飛馳而下，與屈突通合力奮戰。世民想探知敵陣深淺，率精騎數十，一直殺到敵陣背後，敵人盡皆披靡。忽然一條大堤擋住去路，隨行騎兵已不知去向，祇有將軍丘行恭跟隨。這時，世充騎兵見世民孤身深入，齊聲吶喊，衝殺過來。世民和行恭且戰且走，祇見箭如飛蝗，向世民射來。世民左攔右遮，上下揮舞，箭矢紛紛落地。不料世民的寶駒中流矢倒斃，把世民摔在地上。此時，敵騎見機會難得，便蜂擁而上，欲擒世民。行恭見情勢危急，立即張弓搭箭，箭無虛發，將追騎射落馬背，其餘都不敢向前。行恭將戰馬讓給世民，在前手執長刀，一邊超距跳躍，一邊大聲吶喊，斬殺數人，突出敵陣，與大軍會合。世充也率軍殊死力戰，四散四合，從辰時殺到午後，人困馬乏，便率軍撤退。世民乘勢縱兵攻擊，斬俘敵人七千，一直追到洛陽城下。

六、進退論爭

王世充退入洛陽環城自守，李世民下令圍攻，鄭軍用「將軍礮」和八弓弩的大箭反擊，一連進攻十餘日，傷亡慘重，未能攻克洛陽。唐軍將士疲憊，銳氣大減，都希望早日返回關中。他們鼓動劉弘基等親信大將請求班師。世民耐心勸導說：「今大舉而來，當一勞永逸，東方諸州，已望風款服，唯洛陽孤城，勢不能久，功在垂成，奈何棄之而去！」乃下令軍中說：「洛陽未破，師必不還。敢言班師者，斬！」（《資治通鑑》卷一百八十八）將士見主帥如此堅定，再不敢說班師回京的話。世民下令停止攻城，掘塹築壘，包圍洛陽，長期固守。

此時，突然傳來竇建德率大軍十萬，倍道兼程，增援洛陽的消息。竇建德是義軍領袖，據河北，稱夏國。王世充困守洛陽，遣使向他求援。建德想與世充合力擊敗唐軍，然後尋機消滅世充，再乘唐軍新敗，長趨入關，佔領長安，因而答應世充請求。建德率軍勢如破竹，接連攻陷管州、滎陽、陽翟，水陸並進，直趨洛陽。建德派人送信給世民，威逼唐軍退守潼關。唐軍面臨夾擊的危險，形勢嚴峻。世民召集軍事會議，內部展開了一場爭論。蕭瑀、屈突通、封德彝認爲，世充憑藉堅城防守，很難攻破，竇建德乘勝而來，兵鋒正盛，我軍應該避鋒退保穀州。郭孝恪反對說：「世充力窮勢蹙，即將被縛；竇建德遠道來援，勞頓疲憊。

這是天意要他們滅亡啊！我軍宜據守武牢險要，抵禦夏軍，尋找戰機，大破建德。」記室薛收分析透徹，提出了自己的策略：「世充據守東都，府庫充實，統屬各軍，都是江淮精銳，今日擔憂的是缺糧。求戰不能，欲守難久，所以被我軍挾制。建德大軍遠道增援，兵鋒犀利，銳不可擋，期望早日決戰，如果避鋒不戰，放任兩軍合縱，轉運河北的糧食資助洛陽，那麼戰爭一旦爆發，就會持久不停，統一天下就會遙遙無期。我軍應分兵兩路：一路深掘塹，高築壘，圍攻洛陽，世充出兵，慎勿與戰；一路由大王親率驍勇精銳，先據成皋之險，訓練士卒，振奮氣勢，待敵到來。這樣以逸待勞，一戰必勝。竇建德一敗，洛陽不攻自下，鄭、夏二主，必然被縛矣。」世民深讚其略說：「世充兵挫糧盡，上下離心，不必勞師，可以坐觀成敗。建德新破海公，將驕卒惰，我據武牢天險，扼其咽喉，敵人若冒險爭鋒，戰勝非常容易，敵人若狐疑不戰，旬月之間，世充必然自潰，城破兵強，氣勢倍增。一次舉兵，戰勝兩敵，就在此行了。我軍若不速進，讓夏軍佔領武牢，新歸附的州縣，必定不能堅守，鄭、夏合縱，勢力強大，那時將怎麼辦呢？」屈突通等又請撤包圍，扼險要，以觀敵變。世民不許。他命屈突通輔佐齊王李元吉圍守洛陽，自己率驍勇步騎三千五東趨，搶佔武牢，準備與建德展開決戰。

七、伏擊挫敵

武牢關在洛陽城東一百餘里處，地勢險要，是古代兵家必爭之地。武牢之役是奠定唐帝國大業的一次關鍵性戰役，世民以他驚人的膽識，奇妙的謀略和高超的指麾藝術奪取了此役的勝利。世民佔據武牢，而竇軍也在其東二十里地安營。三月甲申，世民率驍騎五百出武牢，東趨二十里，窺探竇軍營壘，沿途設伏。而自己與敬德等四騎，行到離竇軍營壘三里處，與夏軍巡邏隊相遇。世民大喊：「我乃秦王李世民也！」喊聲剛落，已射殺竇軍一員騎將，敵營大驚，建德派遣五、六千騎兵追趕。世民和敬德，按轡緩行，敵騎追至，就射斃一人，如此誘敵深入，且戰且走，將竇軍引入伏擊圈。世勣、知節、叔寶率騎從道旁隱蔽處突出奮擊，大破夏軍，斬首三百餘級，俘竇軍猛將殷秋、石瓚。

八、武牢大戰

建德受挫，羈留武牢月餘，不敢擅越雷池。四月丁巳，世民命大將王君廓率千餘輕騎奇襲竇軍糧道，奪取大批糧草，虜其大將張青特，夏軍士氣更加衰減。世民又接到竇建德準備乘唐軍糧草罄盡在黃河北岸牧馬之時，傾巢出動奪取武牢的諜報，決定將計就計，擊破竇軍。五月，唐軍故意在黃河北岸放牧千匹戰馬，晨出夕歸，李世民因勢利導，竇建德羨餌上鉤。己未，建德率大軍從板渚出牛口，北抵黃河，西薄汜水，南至鵲山，擺開二十餘里的浩大陣勢，如大潮奔湧，群情洶洶地撲向武牢。祇見刀槍如林，旌旗遍野，萬騎奔騰，塵埃遮天，鼓聲如雷，大地震顫。諸將從未見此戰陣，驚駭不已。世民卻胸懷坦蕩，從容不迫，登高遠眺，俯瞰敵陣，對衆將說：「建德起兵山東，未曾遇見大敵，今日進攻險關要隘，擊鼓喧囂，是治軍不嚴，沒有法規啊！他們逼城列陣，驕矜輕敵，我軍按兵堅守天險，待他們勇氣衰竭，饑渴難耐，勢必退兵之時，追逐進擊，必然大破竇軍。」

情勢的發展，果然在世民的預料之中。午時，烈日炎炎，氣溫陡升。夏軍饑渴難忍，疲憊不堪，於是紛紛解甲投戈，排列坐地休息。有的爭奔山澗溪流飲水，有的趨赴濃蔭林間納涼憩息。祇見人馬來往，陣容大亂。世民見時機成熟，命宇文士及率三百騎，從建德陣地西邊掠過，馳騁向南，並告誡說：「敵陣不動，你應該率軍返回，動則引兵向東出擊。」士及掠陣，夏軍陣腳果然移動，要撤軍退走。於是，世民命令全線出擊。世民率玄甲軍，東渡汜水，衝入敵陣。大軍隨後殺來。這時，建德正在帳中與群臣議事，忽聽帳外鼓聲震天，戰馬嘶鳴，喊聲大作，猶如錢塘大潮千層浪，迎面撲來。衆臣驚慌失措，建德急忙召集騎兵應戰，朝臣與騎兵互相阻擋，建德令朝臣稍卻。進退之間，唐軍已經殺到。建德慌忙上馬，退到東陂，組織兵力負陂頑抗。竇抗率軍與建德接戰，不利。世民率輕騎躍馬登陂，掩殺過來。他用強弓大箭，射殺敵騎，無不應弦而倒。建德見世民英勇無比，慌忙率騎逃竄。兩軍在武牢關前激戰，殺聲震天，塵埃蔽日。世民率史大奈、程知節、秦叔寶、宇文歆等驍將卷旗直入，殺到敵人陣後，擋住去路，張開「唐」字大旗，揮舞大喊：「夏王已敗，投降免死！」夏軍見「唐」字大旗截斷歸路，霎時軍心大亂，紛紛投戈棄甲，狼狽逃竄。唐軍追奔三十餘里，斬首三千餘級，祇見屍體縱橫，兵戈旗鼓狼藉。建德中槊負傷，欲奔竄藏匿於牛口渚，被唐將白士讓、楊武威追上。建德墜馬，白士讓舉槊便刺，建德連忙喊：「不要殺我，我是夏王，能使你富貴！」士讓、武威押建德回營，唐軍大獲全勝。世民責問建德說：「我自討王世充，何預你事?而來越境，犯我兵鋒！」建德昂然答道：「今不自來，恐煩遠取」（《資治通鑑》卷一百八十九」）。世民見他胸懷坦蕩，話音鏗鏘，擲地有聲，暗自佩服。

九、世充投降

虎牢之役，殲滅河北勁旅，唐軍威勢大振。世民回師洛陽，鄭軍將士深感窮途末路，世充大將王德仁遁逃，亞將趙季卿前來歸降。世民在洛陽城下，將夏軍將帥竇建德、王琬、長孫安世、郭士衡的囚籠一字擺開，城樓上，王世充和將士們掩面俯視，他們雙方遙望悲泣，互相致哀。這一幕頗富戲劇性。世民又放長孫安世回洛陽，談竇建德失敗情狀，勸世充投降。世充召諸將商議，欲突圍南逃襄陽，伺機東山再起，遭到諸將反對。丙寅日，王世充身穿素服，率太子及文武臣僚二千餘人，出城到唐營投降。接著，竇建德左僕射齊善行與竇妻曹氏、王世充弟王世辯、竇建德博州刺吏馮士羨等相繼投降。至此，河北、河南的割據勢力全被削平，唐王朝的勢力基本上控制了黃河流域，佔據了中原。

十、高奏凱歌

武德四年（公元六二一年）七月甲子，李世民班師回京，獻捷宮闕。他身披黃金鍚甲，騎高頭駿馬，威風凜凜走在前面。齊王元吉、李世勣等二十五員大將緊隨其後。鐵騎萬匹，穿過十里長街，十二部鼓吹在前，搁鼓金鉦在後，鼓樂齊鳴，凱歌高奏。長安城大街小巷，一片歡騰，長街兩旁，重重疊疊，人山人海，爭相觀看李世民與將士的威儀。十月，李淵認爲秦王功大，封以前代任何官職，都不足以和他的奇功相稱，於是特封他爲天策上將，位居王公之上，兼領司徒陝東道大行臺尙書令，增賜食邑二萬戶。李世民功著四海，威望日增，朝野矚目，成了李唐江山的擎天柱。

兄弟鬩牆

隨著削平群雄、統一戰爭的結束，李唐王朝內部的矛盾又激化起來。

一、兩個集團

洛陽之役後，李世民因功勞顯赫，李淵封他爲天策上將陝西東道大行臺，位居王公之上。不久又拜尚書令。他位居宰輔，掌握軍政大權，在李氏兄弟中佔有特殊地位。在晉陽起兵和削平群雄的戰爭中，他收集英傑，羅致人材，形成了以自己爲核心的軍事政治集團。集團中，有英勇善戰的武將，有運籌帷幄的謀臣，有博學多才、經綸滿腹的儒士，還有殺富濟貧、嘯聚山林的豪傑。出色的謀臣有「長於謀」的房玄齡和「長於斷」的杜如晦。玄齡「幼聰敏，博覽經史，工草隸，善屬文」（《舊唐書·房玄齡傳》）。十八歲舉進士，爲隋吏部侍郎高孝基所賞識，讚揚他「必成偉器」。世民入關，巡幸渭北，玄齡「杖策謁軍門」。世民一見如故，引爲知己，任命他爲記室參軍。此後，隨世民平亂，運籌帷幄，盡心謀劃，是不可缺少的臂膀。每次征戰勝利，衆將爭求珍寶奇翫，房玄齡則忙於搜羅人才，若發現謀臣猛將，就致意、結交，向太宗推薦。爲開創李唐基業，立下了汗馬功勞，是世民平定天下第一大臣。杜如晦，「少聰悟，好讀文史」，高孝基讚他「有應變之材，當爲棟樑之用」（《舊唐書·杜如晦傳》）。平定長安，他歸順世民，成爲心腹。李淵調他外任陝州刺史，玄齡對世民說：「別人不值得惋惜，祇有如晦天性聰敏，見識明達，有輔佐帝王的天才，若祇想守住藩王之位，此人可以調出，若要經營天下，沒有他是不行的。」世民吃驚地說：「不是你提醒，幾乎失掉這人才。」於是再三奏請，留杜如晦在王府任府屬之職。此後，如晦「參謀帷幄」，對軍國大事「剖斷如流」，深爲衆人佩服。秦王府中「智囊」之士不少，忠勇之將更多，其中尉遲敬德、程知節、秦叔寶、段志雲、屈突通、張公瑾尤爲卓著。有的爲舉義舊部，有的爲隋朝舊將，有的爲群雄舊屬，都得到世民的重用。世民搜羅人才，不祇表現了他求賢的虔誠態度和用人的藝術，也可知他在逐鹿中原時，已漸萌覬覦帝位的野心。統一全國的戰事結束，他奪取儲位的思想變得強烈而迫切起來。

不言而喻，世民顯赫的軍事、政治地位，使太子建成十分嫉妒，深感皇儲地位受到威脅。為了維護繼承權，他搜羅人馬，集結黨羽，勾結齊王元吉和宮中嬖臣寵妃，組成龐大的太子黨，合謀傾覆世民。兩大集團爭奪權利的鬥爭日趨激烈，展開了殊死的鬥爭。

二、讒言可畏

早在武德二年（公元六一九年），太子建成就因世民功勛卓著而嫉妒猜忌。此後，雙方的鬥爭猶如酒的釀造，進入了醞釀的階段。當初，李淵晉陽舉旗，都是世民的遠謀大略，李淵曾經對世民許願說：「若能掃平群雄，成就帝業，那麼萬里江山都是靠你的智謀膽略奪取的，應該以你為太子。」世民拜謝推辭說：「孩兒目睹隋朝必亡，天賜良機，不可錯過，所以力勸父帥興兵，祇望父帥早登九五，兒願爲馬前卒，哪裡敢有這種奢望？」李淵爲唐王，「太子建成性寬簡，喜酒色遊畋；齊王元吉多過失，皆無寵於上」（《資治通鑑》卷一百九十）。這時，李淵採納將佐意見，準備更換世子，由於世民堅決推辭才罷議。隨著世民威望日益增高，權力逐漸擴大，李淵常想以世民爲太子，建成因而內心不安，就與元吉協力圖謀，共同陷害世民。

李淵晚年，貪戀女色，多納內寵，嬪妃成群，所生小王子將近二十人。他們的母親都爭著結交建成、元吉來鞏固自己的地位。建成、元吉都曲意事奉嬪妃，甘言媚詞，贈財饋物，極盡諂諛之能事，希望她們在皇上面前爲自己飾非美言。祇有世民不事奉嬪妃，內宮嬪妃都爭著在李淵面前讚譽建成、元吉，毀謗世民。

平定洛陽時，李淵讓幾名貴妃前往洛陽選取隋朝宮人及珍寶財貨，貴妃都私下向世民求寶貨，替親屬乞官職。世民拒絕說：「寶貨都應登記上奏，官職應當授與賢才和建功立勛的人，怎麼能隨便送人呢？」因此嬪妃們都怨恨他。

淮安王李神通立有戰功，世民獎賞他幾十頃土地，告諭已經公布。這時，李淵寵妃張婕妤的父親，憑藉婕妤受寵，向皇上要求土地。皇上親自寫詔書命令世民將土地賜給張婕妤的父親。因獎賞神通土地的告諭公布在先，所以，世民不與。張婕妤歪曲事實告狀說：「皇上寫詔書將土地賜給我的父親，秦王竟然強奪土地把它給了李神通。」李淵就大發雷霆，責備世民說：「你強奪土地給神通，難道我的手詔不如你的告諭嗎？」李淵寵幸的尹德妃，父親名叫尹阿鼠，是有名的惡棍，常倚杖權勢，橫行街頭。他怨恨世民，遷怒秦府屬吏。一天，府屬杜如晦從他家門前經過，尹阿鼠命幾名僕人把他拉下馬來拳打腳踢，打折一指，並怒罵說：「你是什麼東西，敢經過我的家門不下馬！」尹阿鼠擔心世民上奏皇上，讓尹德妃惡人先告狀：「秦王府的屬官，兇狠暴虐，陵轢妾的父親，請陛下作作主。」李淵大發雷霆，深責世民說；「我嬪妃的父親，竟被你的屬吏欺凌，何況老百姓呢？」世民再三辯解，李淵始終不相信。世民常在宮中侍宴，看到父皇與諸嬪妃共享天倫之樂，不由想起生母太穆皇后竇氏早逝，未能見到父皇今日據有天下，心中哀傷，禁不住「欷歔流涕」。李淵見了，很不高興，於是諸嬪妃共進讒言說：「皇上年歲已高，幸好天下太平，應該和臣妾一同娛樂，安度晚年。可是秦王常常獨自哭泣流淚，不是嫉妒怨恨妾等嗎？陛下萬歲之後，臣妾母子，必定不會被秦王寬容，那時必無孑遺了」。嬪妃們又湊在一起哭泣，向李淵說：「太子建成仁愛忠孝，皇上把臣妾母子交給他，必定能夠保全。」李淵聽了，不由得愴然泣下。自此，李淵再沒有改立太子的意思，對世民日漸疏遠，反而對建成、元吉親近起來。世民風聞宮內傳言，祇覺讒言可畏，不由警覺起來。

三、圖窮匕見

東宮集團傾覆世民的步伐加快了，雙方的鬥爭日漸公開化、白熱化。元吉心性狠毒，言語醜惡，常常煽動建成除掉世民，並惡狠狠地說：「我應當親手替兄長殺掉他！」有一次，他還讓護軍宇文寶埋伏臥室內準備刺殺世民，沒有成功。建成、元吉二人商議，決定圖謀不軌。

於是，建成擅自招募四方驍勇和長安惡少二千餘人爲東宮衛士，分別駐紮左右長林門，號稱「長林軍」。武德七年（公元六二四年）六月，李淵帶世民、元吉駕幸仁智宮，令建成守京都。建成秘密地對元吉說：「你要在駕幸途中設法對付世民，我立即派郎將爾朱煥和校尉橋公山齎帶鎧甲給慶州都督楊文幹，讓他起兵，裡應外合，安危的大計，就決定在今年。」可是爾朱煥、橋公山二人到達豳州，心中畏懼，馳往仁智宮上告東宮急變。又有寧州人杜鳳舉到仁智宮告太子謀反。李淵聽後大怒，假託他事，詔令建成到仁智宮問罪，建成懼怕不肯前往，詹事主簿趙弘智勸他到仁智宮謝罪。建成到達仁智宮，向李淵叩頭謝罪，奮身投擲於地，幾乎氣絕。李淵派宇文穎到慶州召楊文幹，文穎把情況告訴文幹，文幹舉兵反叛。李淵召世民至駐地商議說：「文幹反叛，事連建成，我擔心響應的人多，現在派你率兵征討，回來再立你爲太子。我不能效隋文帝誅殺骨肉，將廢建成爲蜀王。蜀地僻小兵弱，日後他能奉侍你，你就保全他；不能侍奉你，你也容易消滅他。」世民率軍征討楊文幹。元吉與張婕妤、尹德妃在內交替請求赦免建成，封德彝在外斡旋勸解營救，李淵因而改變初衷，起用建成，讓他回京駐守。祇以「兄弟不睦」責怪他。圖窮匕見，東宮集團殺害世民的陰謀徹底暴露。世民決定靜觀其變，以靜制動。

四、遷都之爭

秋七月，突厥頡利、突利二可汗侵擾關中，李淵急速回京。有人勸他說：「突厥屢次侵擾關中，是因爲美女財貨都在長安的緣故。若焚毁長安遷都，那麼突厥的侵擾就自然停止了。」李淵派宇文士及踰越南山到樊鄧察看地形，尋找築城安居之地，準備遷都。爲此，朝廷引發了一場爭論。以建成、元吉、裴寂爲首的一派極力贊成遷都，蕭瑀等大臣明知不能遷都，卻不敢規諫。世民力排衆議說：「戎狄爲患，是自古以來就有的事。陛下聖武，猶如飛龍在天，澤披天下，擁有精兵百萬，出兵征伐，所向無敵，怎麼能因突厥侵擾邊疆，就妄遷京城，避其兵鋒，遺羞恥於四海，留笑柄傳百代呢！漢代霍去病不過是一員武將，尚且立志高遠，誓滅匈奴。何況我是衛國保家的重臣，難道不以徒佔其位而感到羞愧嗎？希望憑藉數年的期限，消滅突厥，活捉頡利，獻於宮闕之下。如果沒有效果，再遷都不遲。」世民理直氣壯，語言鏗鏘，擲地有聲，大臣們莫不嘆服，李淵也嘖嘖讚道：「說得好！說得好！」祇有建成語帶譏誚說：「從前樊噲想率領十萬士卒橫行匈奴中，秦王的話，莫非與他相似？」世民面對譏刺之言，據理分析說：「古今形勢不同，用兵方法也不同。樊噲小子，一介莽夫，有什麼值得稱道呢?不出十年，必然平定漠北，絕不是空話！」於是，李淵決定停止遷都。但建成仍不服氣，同張婕妤、尹德妃沆瀣一氣，共進譖言說：「突厥雖然屢爲邊患，得到財貨就退了。秦王外託抵禦突厥的名義，內懷總攬兵權的大計，是爲了實現篡奪帝位的陰謀啊！」這次李淵沒有聽他們的讒言。

不久，皇上在城南圍獵，建成有一匹肥壯而喜歡顛仆的胡馬。他把馬轡遞給世民說：「這是一匹駿馬，能越過幾丈寬的大澗，二弟擅長騎術，何不試一試？」世民不知是計，就騎上牠追逐麋鹿。那馬顛仆，世民機敏地躍起，立於數步之外。馬站起，世民又騎，馬又顛仆，如此再三，世民回頭對宇文士及說：「建成想用這匹馬殺害我，可是，『生死有命，富貴在天』，怎麼能傷害我呢？」建成聽了，立即讓嬪妃進讒說：「秦王說自己有天命，正當做天下的帝王，豈能寂寂無聞而死！」李淵聽了大怒，派內監召建成、元吉，然後召世民訓斥說：「天子自有天命，不是智力可以求得，你欲爲天子，怎麼這樣急迫呢？」

世民摘掉冠冕叩頭說：「父皇聖明，請將兒臣交大理寺按驗。」恰好突厥入侵的消息傳來，李淵才改變容態，安慰勉勵世民，叫他戴上冠冕，謀劃退敵大事。此後，敵寇入侵，盜賊作亂，就令世民率兵征討，戰事平息，猜忌更甚。

李世民處在鬥爭的漩流中，祇覺得天空低矮，空氣沉悶，心裡像壓了鉛塊，沉甸甸的。但他頭腦清醒，智慧過人，決定採用以靜制動，以柔克剛的策略，等待著，等待一場急風暴雨的到來。

「玄武」之變

太子建成欲置李世民於死地而後快。齊王元吉，即非嫡長，又無戰功，且心性險惡，野心勃勃，企圖勾結建成消滅李世民，然後取建成的儲君之位而代之。李淵昏庸多忌，欲使太子、秦王、齊王各謀其位，相安無事，反而加速了矛盾的激化，使鬥爭很快進入到你死我活的階段，武德九年（公元六二六年）六月，一場宮門蹀血的事變終於發生了。

一、加緊讒毀

世民深知與建成、元吉矛盾很深，因洛陽山川形勝，擔心一旦發生事變，必須出關保住它。於是以行臺工部尚書溫大雅鎮守洛陽，又派秦府車騎將軍張亮率領親信將士王保等千餘人往洛陽，暗中結納崤山以東的俊傑，等待形勢的變化。又拿出很多錢財，讓他們任意使用。元吉誣告張亮謀反，詔令逮捕交司法官審訊，張亮始終沒有供辭，才放他回洛陽。

建成想殺害世民，忽然心生毒計。一天夜裡，他請世民喝酒，企圖用毒酒鴆殺世民。世民喝下酒後，突然心痛，嘔血數升。淮安王神通攙扶他回到弘義宮。李淵駕幸弘義宮探詢病情，告誡建成說：「秦王向來不能飲酒，此後，不准再在夜晚飲酒。」李淵見他們兄弟矛盾很深，便對世民說：「你首先提出奪取天下的謀略，又率軍削平海內群雄，都是你的功勞。我本想立你爲儲君，你卻堅決推辭。現建成年紀大了，立爲太子很久了，我不忍心奪去他的儲位。我觀察你們兄弟，似不相容，同住京城，必定發生紛爭。我決定派你回到行臺任上去，居住洛陽，從陝州以東都讓你管轄。並按漢代梁孝王的舊例，讓你使用天子的旌旗，你看怎樣？」世民流著淚，以不願遠離膝下來推辭。李淵說：「天下一家，東西兩都，路程很近，我想你，就到洛陽去，你不要煩惱和悲傷。」世民將要前往洛陽，建成、元吉湊在一起謀劃說：「秦王若到洛陽，佔有土地，擁有軍隊，就不會再受控制，不如把他留在長安，那麼他祇是一介匹夫，對付就容易了。」於是密令幾個心腹上疏說：「秦王親信聽說要往洛陽，無不欣喜雀躍。觀察他們的志向情緒，恐怕不會再回來了。」又讓親近而又受寵幸的大臣用利害關係勸說皇上，李淵又誤聽讒言，改變主意，將這件事擱置下來。

建成、元吉不肯罷休，夥同後宮張婕妤、尹德妃日夜誹謗世民。李淵聽信讒言，將要降罪世民。陳叔達規諫說：「秦王對國家立有大功，不能貶黜他。況且他性情剛烈，若挫抑貶損，恐怕禁不住憂憤，或許會發生預想不到的疾病，那時陛下後悔就來不及了。」李淵覺得叔達言之有理，才沒有處分他。元吉又秘密請求殺掉秦王。李淵說：「他有平定天下的大功，罪狀還不明顯，用什麼作藉口？」元吉惡狠狠地說：「當初，秦王平定東都，環顧觀望，不願回京，散發錢財，樹立私恩，違令抗旨，不是造反又是什麼？祇應迅速殺掉，還怕找不到藉口嗎？」李淵沒有理會。

二、秦府憂懼

秦王府的僚屬都十分憂慮恐懼，不知怎麼辦？行臺考功郎中房玄齡頗有主見，對比部郎中長孫無忌說：「今天矛盾已經形成，一旦災禍的機牙暗中發動，豈祇是秦王府一敗塗地，實在是國家的憂患啊！我們不如勸大王像周公旦那樣誅滅管叔、蔡叔，以安定國家。存亡的時機，十分緊迫，間隙幾乎不能容下一根頭髮，這樣的處境正在今天啊！」長孫無忌說：「我考慮此事很久了，祇是不敢輕易出口，今天聽先生所言，正合我心，應當謹愼地告訴世民。」於是就進去對世民說了。世民爲此召見玄齡，謀劃此事。玄齡說：「大王功蓋天也，應當承繼大統，今日處在憂慮危險之中，這是上天在幫助你，希望大王不要猶疑。」於是就與杜如晦一起勸世民誅殺建成、元吉。

三、釜底抽薪

建成、元吉想採用軟硬兼施、釜底抽薪的辦法，瓦解秦王府。秦王府有很多驍勇的將領，建成、元吉想利用他們爲自己出力，於是暗中派人把一車金銀器皿贈給左二副護軍尉遲敬德，並寫信招引他說：「希望得到您老人家的眷顧，以加深我們之間平民般的交情。」敬德軟中帶硬推辭說：「我是一個用蓬草編門、破甕當窗的窮人，遭逢隋末大亂，流離失所，長期淪落在叛逆的地方，按罪應該殺頭。秦王賜給我再生的恩德，現在又讓我在王府裡任職，我想祇有以死來報答他；對於殿下，毫無功勞，不敢謬領這份優厚的賞賜。若私自結交殿下，就是懷有二心，順從私利，忘記忠誠，這種人對殿下有什麼用呢？」建成聽了使者的回報，非常生氣，便與敬德絕交。敬德把這件事告訴世民，世民說：「你的忠心，堅定如山嶽，贈給你的金銀即使堆積如山，觸著北斗，也不會改變。他們贈給你財貨，祇管接受，有什麼嫌疑的！況且能藉機瞭解他們的陰謀詭計，難道不是良策嗎？不這樣，禍患將要降臨到你的頭上。」果然不出所料，不久，元吉派壯士在夜晚來刺殺敬德，敬德心知此事，就將一道道的門打開，安靜地躺臥在床上不動，刺客多次進到庭院，始終不敢進入臥室。一計不成，另生一計。建成就在皇帝面前詆毀敬德，李淵下召將敬德逮捕審訊，將要處死，世民向皇上堅決請求，才免死獲釋。元吉又在皇帝面前詆毀左一馬軍總管程知節，把他調離京都，擔任康州刺史。知節對世民說：「大王的大腿、胳膊和羽翼都折盡了，身體怎麼能長久？知節至死也不離開，希望早定大計。」他們又用金帛引誘右二護軍段志玄，志玄也不順從。建成對元吉說：「秦王府的智慧謀略之士，可怕的祇有房玄齡、杜如晦罷了。」於是向皇帝進讒，把二人趕出了秦王府。建成、元吉的利誘威脅、釜底抽薪之計，雖未完全奏效，但也確實厲害，使世民的勢力削弱了；同時，也迫使世民及其屬吏不得不迅速起來堅決反擊。

四、密謀反擊

世民的心腹祇有長孫無忌還在府中，此外，還有他的舅父高士廉、武將侯君集、尉遲敬德等。他們日夜勸世民誅殺建成、元吉，世民卻猶豫不決，去問靈州大都督李靖和行軍總管李世勣，他們都拒絕回答。世民更加敬重他們。

恰巧突厥數萬騎兵入塞，圍攻烏城。建成以為顛覆秦王府的機會到了，就推薦元吉代替世民督帥各路大軍北征，李淵採納他的建議，命令元吉統帥右武威大將軍李藝、天紀將軍等人救烏城，元吉請求讓敬德、知節、志玄和秦王府右三統軍秦叔寶等一同出征，並檢閱挑選秦王帳下精銳士兵來補充元吉的軍隊，建成屬下率更丞王晊秘密告訴世民說：「太子同齊王密謀說：『你得到秦王的驍勇將領和精銳士兵，擁有幾萬人，我同秦王到昆明池與你餞行，指使壯士將世民摧折殺死在帳幕之下，而報告皇上說：「秦王突然病死」，皇上該不會不相信吧！我一定派人進宮勸說皇上，讓他把國家的權力交給我。敬德等人已經落入你手中，應該全部坑殺，誰敢不從！』」世民將王晊的話告訴無忌等人，無忌等人力勸世民先發制人，將他們除掉。世民嘆息說：「骨肉相殘，這是古今的大壞事！我確實知道，禍患祇在朝夕間就要發生，想靜候他們先作亂，然後名正言順地討伐他們，不是也可以嗎？」敬德說：「按人之常情，誰不吝惜自己的生命！現在大家都願意以犧牲生命來尊奉大王，這是上天要把國家交給您，禍患的機牙即將發動，而大王還安然無事，不以爲憂，大王縱然看輕自己，也該考慮將宗廟社稷怎麼辦啊！」敬德還表示，若不採納這一建議，就要逃竄到荒野中去。無忌也說不聽敬德忠言，要隨他們一起離開秦王府。世民略思片刻說：「我說的也不能完全拋棄，請你們重新考慮。」敬德堅定地說：「今天大王處理大事，心懷疑慮，這是不智；面臨大難，不能果斷決定，這是不勇。況且大王平素所養的八百壯士，在外的已經全部進入王宮，披甲持戈。準備較量的形勢已經形成，大王怎麼能罷休呢？」

世民向府僚們徵詢意見，都說：「齊王兇殘暴戾，最終不肯奉侍太子建成，最近，聽護軍薛實對元吉說：『大王的名字，合起來就是個「唐」字，大王最終要當皇帝，主持宗廟祭祀。』齊王元吉高興地說：『祇要除掉秦王，奪取東宮的地位，就易如反掌了。』他與太子陰謀作亂尚未成功，已萌奪取太子儲位的野心，作亂的野心不滿足，什麼壞事幹不出來！假如讓二人的野心得逞，恐怕天下不再歸李唐所有了。憑大王的才能，翦除這兩個人，就像收拾地上的芥草罷了，怎麼能順從匹夫的小節而忘卻挽救社稷的大計呢？」世民還是不能決定。大家說：「假如舜在掘井時，不在旁邊先掘條通道，那麼就會被他的父親和弟弟填土淹埋，變為井中的泥漿；如果舜在塗抹倉廩頂蓋時不考慮借斗蓬的浮力飛下，他的父親和弟弟在下面放火，早就已化為廩上的飛灰，怎麼能用恩澤覆蓋天下的百姓，使法度施行於後代呢？因此，父親用小杖責打，他就承受，用大杖責打，他就逃跑。這大概是由於心懷遠大志向的緣故啊！」李世民聽了，命令占卜一下這事的吉兇，幕僚張公瑾從外進來，奪過龜板，投擲於地說：「占卜是用來解決疑難的，今天的事本來就不用懷疑，還占卜幹什麼呢？占卜如果不吉祥，難道能就此罷休嗎？」

常言道：「箭在弦上，不得不發」，必須採取緊急行動。世民命令無忌秘密地召見玄齡、如晦等人。玄齡等人說：「皇帝有詔令，不讓我們再侍奉大王；今天如果私下去拜見，必定判死罪，不敢奉命！」世民聽到後，十分生氣，對敬德說：「玄齡、如晦，難道想背叛我嗎？」於是解下佩刀交給敬德，囑咐他說：「你去觀察他們的情況，如果他們沒有來的意思，可以砍下他們的頭顱來見我！」敬德前往，與長孫無忌一道曉諭他倆說：「秦王已經下定決心，你們應迅速回王府共同商量這件事，我們四個人，不能一同在路上走。」於是讓玄齡、如晦裝扮成道士的模樣與長孫無忌一道回府，敬德從另一條路回去。

巳未（六月三日），金星又在白天經行天空，上、下午都能見到，傅奕秘密地上奏皇帝說：「太白金星出現在秦地的分野，秦王應當主宰天下」。李淵把傅奕的奏章交給世民，於是，世民秘密地揭發了建成、元吉在後宮與張婕妤、尹德妃淫亂的罪行，並且說：「我對兄弟沒有絲毫辜負的地方，現在他們想殺死兒臣，似乎要爲王世充、竇建德報仇，兒臣現在冤枉死去，永遠見不到君王父親，魂魄到了九泉之下，實在恥於見到世充等賊徒。」李淵聽了恍然大悟，顯出驚愕的樣子回答說：「明天一定要審訊推問他們，你應該早點上朝參見。」

五、蹀血宮門

世民一面揭發他們的淫亂罪行，一面採取了果敢的行動。庚申（四日）清晨，世民率領長孫無忌等人，在玄武門埋設伏兵。張婕妤已暗知世民上奏的內容，派人馳馬報告建成。建成把元吉招來商議，元吉說：「應該佈署東宮和齊王府的軍隊，推託有病不去上朝，來觀察形勢的變化。」建成說：「軍隊的戒備已很森嚴，應該與弟弟一道入朝參見，自己去探問消息」。於是一同進宮，騎馬奔向玄武門。李淵這時已召裴寂、蕭瑀、陳叔達等人，打算審問建成、元吉。建成、元吉走到臨湖殿，發覺情況與往日不同，立即撥轉馬頭向東，準備逃歸東宮和齊王府。世民跟上去喊他們，元吉想射殺世民，無奈心中緊張，一連幾次沒有拉開弓弦。世民彎弓搭箭，將建成射死，敬德率七十餘名騎兵趕到，他的親兵將元吉射下馬來。世民的馬跑到樹林下，被樹枝絓著，世民從馬上墜落，不能爬起來。元吉急忙趕來，奪下世民的弓，想將他扼死。尉遲敬德見狀，躍馬上前，大吼一聲「住手！」元吉一看情況不妙，就放掉世民，拔腿就向武德殿跑去，敬德連忙追趕，把他射死。東宮衛隊車騎將軍馮立、副護軍薛萬徹與屈咥直府左車騎謝叔方率領東宮、齊王府兩千精兵奔赴玄武門，與玄武門守軍和秦王府兵卒展開激戰。玄武門守將雲麾將軍敬君弘和中郎將呂世衡為保衛皇宮戰死。敬德持著建成、元吉的首級給東宮和齊王府的士兵看，他們見大勢已去，才慌忙散去。

李淵正坐著船在海池遊玩，世民派敬德入宮，負責警戒保衛，才知道太子、齊王被殺的事。李淵問裴寂等人，應該如何處理這件事，蕭瑀、陳叔達說：「建成、元吉沒有參與起兵奪取天下的謀劃，又沒有平定天下的功勞，嫉妒秦王功高望重，勾結起來搞陰謀，今天秦王已經討伐和誅滅他們，功蓋寰宇，全國都擁護他。陛下如果立他為太子，把國家大事交給他，就不再有事了！」李淵說：「好！這是我早已有的心願啊！」於是下手令，命天策府司馬宇文及從東閣門出來宣讀皇帝詔令，使大家安定下來。又令黃門侍郎裴矩到東宮曉諭各位將士，讓他們解散。李淵召見世民，撫摸他的頭說：「近幾天來，我幾乎像曾參的母親那樣，被許多謠言所迷惑，不信任兒子了。」世民跪在地上號啕大哭，悲痛很久。

李世民在這場兄弟鬩牆的鬥爭中，以他特有的氣質、才識、膽略、權謀，粉碎了東宮集團，贏得了輝煌的勝利。他最大的「智」就是對建成、元吉的步步進逼，採取了容忍、退讓的策略，但這絕不是軟弱和遷就，而是高度警惕，加強防守，乘機出擊，使自己立於不敗之地。「夫唯不爭，故天下莫能與之爭」（《老子》二十二章）。李世民在政治軍事鬥爭中的成熟就是將「以靜制動」的思想策略運用自如，發揮到了極至。

八月，李淵被迫退位，李世民即位，史稱唐太宗。他是李唐王朝第二代皇帝，時年二十九歲。次年正月，改年號為「貞觀」，開始了他輝煌的治國政治生涯，最終成為歷史上令人矚目的具有最高智慧和成就的帝王之一。

玄機

唐太宗對太子李治說：「你應當另求古代聖哲的君主爲師，像我是不值得效法的。如果你取法於上，那祇能達到中等的標準；取法於中，那就不免達到下等的標準。我自居位以來，背離無爲治國之道，所犯的過失太多了。我喜歡華美錦繡的服飾，奇異的珠玉珍翫，眼前從未斷絕過；我喜歡雄麗的宮殿樓臺，雕鏤的堂室亭榭，也多次興作過；我喜歡獵犬、駿馬、蒼鷹、飛隼，無論多遠也要想法得到；我喜歡巡幸遊歷四方，讓州郡張羅供應，使吏民繁雜勞累。我不能節制嗜欲，防止奢侈，這都是深重的過失。你千萬不要以爲這是正確的舉措而效法。我雖有種種過失，但平定天下，救助蒼生，給他們帶來很多利益。我肇造大唐帝國，振興華夏，功勞是很大的。我給百姓帶來的好處多，造成的損失小，所以臣民能原諒我的過失而不怨恨。我的功勞大，過失小，所以帝王的大業也不會墮壞。然而同盡美盡善相比，就太慚愧了。你沒有我的功績勛勞，卻繼承了我的富貴。如果能竭力爲善，那麼國家就會安定；如果驕惰奢縱，那麼就會自身難保。更何況國家基業的成就非常艱難緩慢，而敗亡卻是十分地迅速和容易；帝位的取得非常困難，而丟失卻是十分地容易。這難道能不令人痛惜嗎？」

——摘譯自《資治通鑑》卷一百九十八

崇道尊儒

儒、道生於中國本土，佛教由天竺傳入。漢、魏以來，三教互爭高下，長期左右著神州的思想文化。歷代君主都要從上層統治集團的利益和個人的興趣出發，或尊儒，或崇道，或禮佛，或二教、三教並用，把這些當作修身養性、治國安邦的武器。如漢文帝和竇皇后崇尚黃老之學，令景帝及其諸子必讀《老子》。漢武帝「罷黜百家，獨尊儒術」，命太學生必習《六藝》，把通曉儒家經典當作入仕的重要條件。南朝梁武帝提倡佛教，大興佛寺，捨身佛門，研覈佛經；百官趨奉，不務典章，不理軍務，君臣都到了痴迷昏聵的程度。可見統治階級都要以某種思想教義來作爲統治的理論工具。

李唐王朝也不例外，李淵和李世民都公開地宣稱道教第一，儒教第二，佛教第三，鮮明地表達了他們崇道尊儒抑佛的主張。武德初年，由於李淵承繼隋代崇佛的思想，因此，佛教興盛一時。當時「天下僧尼，數盈十萬，剪刻繒綵，裝束泥人」（《舊唐書·傅奕傳》），用迷信的方法來蠱惑百姓。他們又將大批良田變爲廟產，「遊手遊食，易服以逃租賦」，嚴重影響了唐王朝的財政收入和兵源。爲此，李淵接受反佛思想家傅奕的建議，抑佛崇道。他自稱「李氏出自老君，故崇道教。」武德三年（公元六二〇年），他派遣使者到晉州（今山西臨汾縣）羊角山「致祭立廟」（《封氏見聞記校註·道教》），尊奉老子李聃爲祖禰。武德七年（公元六二四年），傅奕上疏，「淸除去釋教」，李淵將「從奕言」，因傳位給李世民而停止。

關於老子李聃，有許多荒誕不經的傳說。李聃名耳，春秋時期楚國苦縣人；擔任過東周的太史，著有五千字的奇書《道德經》。據傳他西出函谷關，隱居得道成仙，被後人尊奉爲太上老君。李唐藉這樣一位似人似仙的奇人充當祖先，是頗耐人尋味的。

李世民登基後，全面地繼承和發展了李淵的崇道政策。他曾經與傅奕討論佛道，傅奕認爲「老莊玄一之篇，周孔六經之說，是爲名教」，而佛教祇不過是胡人中桀驁狡黠之徒的欺誑之言，邪僻之語。太宗認爲他的話很對，並且再次強調老子是李唐王室的始祖。於是在各州興建道教宮觀，題寫宮觀匾額。他在貞觀十一年（公元六三七年）一月下詔說：「朕之本系，起自柱下」，「柱下」就是「柱下史」，據傳老子曾在東周末年擔任此職。同年七月，他「修老君廟於亳州，宣民廟於兗州，各給二十戶享祭」（《舊唐書·太宗本紀》）。這一舉措，再次表明，太宗以老君爲祖禰而自豪，決定繼承李淵衣缽，學道抑佛，以道教的「清靜無爲」妙旨修身養性，靜撫百姓，治理天下。唐太宗抑佛，並沒有發展到像北魏太武帝和北周武帝實行滅佛甚至戮僧的過激行爲，而讓其保留，推行寬緩安撫之策，在一定程度上爲其發展創造了條件。玄奘「求如來之秘藏，尋釋迦之遺志」，離長安，遊西域，至天竺，歷盡艱辛，廣求法術，經十七年之「劫難」，載譽歸國，受萬民頂禮膜拜，受太宗崇敬讚揚，就是生動的實例。唐太宗容納異教文化的博大胸懷，支持玄奘翻譯佛經舉措，對於探求佛學的眞諦，有著重要的意義。可見唐太宗與其父的崇道抑佛是有區別的。

唐太宗崇道，確認老子爲始祖，實在有「拉祖配」之嫌，但他不僅是爲了抬高唐王室的地位，更重要的是要以「清靜無爲」作爲治國的理想，以「少私寡欲」治身，用「以靜制動」安民，以達到天下大治的目的。太宗認爲，國君以清靜修養身心，就不會騷擾百姓，百姓就會安居樂業，國君以儉樸涵養德行，就不會煩擾百姓，百姓就會富足；國君少私寡欲，官吏就會公平廉潔，民風就淳厚樸實。反之，國君如果不修練品德，「抑情損欲」，祇顧追求珠玉珍翫，祇顧癖愛聲色犬馬，祇顧迷戀遊幸畋獵，祇顧興建宮殿樓臺，就勢必道德淪喪，迷失本性，就勢必徭役繁重，賦歛無度。喪德迷性，就會墜入欲念的深淵，溺斃自己；徭役繁重，就會民力枯竭，使農業生產遭到巨大破壞；賦歛無度，就會民生凋敝，社會必將陷入混亂的局面。如此，饑寒交迫的百姓就會鋌而走險，揭竿而起，亡國的禍患就會隨之到來。

另外，太宗目睹煬帝不知修省、不知矜謹、欲望無窮、驕逸無度，更知靜撫天下、與民修養生息的重要。隋煬帝「驅使天下的人來順從自己的奢欲，耗盡天下的財物來滿足自己的享受，選天下美女，求異域珍寶，裝飾宮苑無比華麗，構建樓臺十分峻偉，徵發傜役沒有時限，用兵打仗沒有休止」，所以導致國家的滅亡。鑒於此，唐太宗說：「使人民和國家安寧，祇在於君王。君王與民休息，百姓就歡樂；國君欲望多，百姓就受苦」。「無爲而治，德之上也」（《貞觀政要·君道》）。此話信然。魏徵力勸太宗實行帝道、王道，這個「道」，即具有濃厚道家色彩的「無爲」政治。他還向太宗提出：「文武爭馳，君臣無事，可以盡豫游之樂，可以養松喬之壽，鳴琴垂拱，不言而化。何必勞神苦思，代下司職，役聰明之耳目，虧無爲之大道哉！」（《貞觀政要·君道》）太宗採納魏徵建議，制欲、守靜、戒奢、尚儉，用老子五千言大道治國理民，終於開創了史無前例的新局面。

太宗崇尚「無爲」，也提倡尊儒。「尊儒」，就承認儒教政治思想在治國中的地位，肯定了以民本思想爲基礎，以仁政德治爲核心的治國方略。《呂覽·適威》中說：「古之君民者，仁義以治之，愛利以安之，忠信以導之，務除其災，思致其福。」仁愛是爲政的核心，儒學很重要的一點即百姓是國家安危存亡的關鍵，所以「爲君之道，必須先存百姓」（《貞觀政要·君道》。太宗對此作了生動的闡述：國君「如果損害百姓來奉養自身，就如割下自己大腿上的肉來填塞肚腹，肚腹飽實，人卻死了」。這意謂保存百姓，才能保存君主，保存社稷。那麼國君在奪取天下之後，爲什麼不能守成呢？魏徵談了自己的看法：國君在「取得天下之後，志趣趨向驕奢淫逸，老百姓希望休養生息，但各種徭役沒有休止；百姓已經窮困疲憊，而奢侈的事務卻一刻不停，國家的衰落破敗，常常由此產生，以此而論，守成就很困難」。太宗認爲魏徵的話很有道理，決定以德治國，實行仁政。他充分認識到百姓力量的偉大，懷著畏懼的心裡說：「《尚書》上說：『可愛的是國君，可畏的是百姓。』做國君的，如果有道，百姓就擁護他做國君；無道，百姓就拋棄不用他。這實在可怕啊！」魏徵也深有感觸地說：「現在陛下擁有天下，國家內外清平安定，能夠留心治國方法，常常像如臨深淵，如臨薄冰那樣小心謹愼辦事，國家的運數，自然綿延久長。我聽古語說：『君主是船，百姓是水，水能浮起船，也能覆滅船』。陛下認爲百姓的力量可畏，的確是這樣。」太宗和魏徵的談話，深刻地闡述了民本思想的內涵。民本思想要求君主順應民心，愛護百姓，以忠孝禮樂教化百姓，以仁政治理天下。同時，唐太宗決定重用儒生。貞觀初，太宗問王珪說：「近世治理國家的君主，更加不及古代，這是什麼原因呢？」王珪回答說：「漢代崇尙儒術，宰相多用精通經書的士人，所以風俗淳厚，近代重視文法，輕視儒術，並參與法律，這就是治理教化衰敗的原因。」太宗認爲他說得很對。爲此，太宗採取了一系列舉措，決定重用經術之士，培養儒學人才，選拔儒學人才，委以官職，幫助治理國家。

唐太宗剛登上帝位，就在弘文殿裡收藏了經史子集四大類書籍共二十餘萬卷，同時他還在殿旁開設了一個館，取弘揚文化之意，命名爲弘文館。並選拔天下通曉儒學的精英諸如虞世南、褚亮、姚思廉、歐陽詢、蔡允恭、蕭德言等人，組成自己身邊的智囊團。這些人除了擔任原來的官職外，還兼任弘文館的學士，在館裡辦公，還要輪流在館裡值夜班。每次上朝議政之後，太宗常乘閒暇將智囊團成員召集到內殿，與他們談古論今，討論研究如何制定處理國家的大政方針，常常討論商議到夤夜才結束。這個由儒學精英組成的智囊團，對於太宗治理天下，無疑起到了很好的參謀作用。

貞觀二年（公元六二八年），太宗命令在國學中建立孔子廟堂，尊孔子爲前代的聖人，顏淵爲前代的老師。廟堂兩邊按規定陳列俎豆等祭器和干戚等禮器。這一年又廣泛收攬天下的儒士，賞賜布帛，供給車馬飲食，命令他們到京城來，給他們重要的官職。太學中通曉《禮記》、《左傳》，一大經以上的都兼任官職。這些制度的實施和對儒生的重用，提高了讀書人的地位，增強了他們的進取心，也促進了教育事業的發展。

當時在京城設有國子學和太學，是最高學府。國子學教授文武三品以上的子弟，太學教授五品以上官員子弟。京城東南西北四門設立四門學，教授七品以上官員的子弟和普通人家的優秀子弟。庶人子弟中道德俊秀者，稱俊士，可入四門學。另外，還有專門培養書法、天文、數學人才的學校，由配備的博士教授。駐守宮廷的兵士，也配備博士，教他們讀經，能夠通曉經書的，可以向皇帝推薦任官。貞觀四年（公元六三〇年），太宗因儒家經典謬誤甚多，命中書侍郎顏師古考定五經。又因儒家流派甚多，解說經書意義的著作繁雜，命令顏師古和國子祭酒孔穎達等研究經學的儒生寫出五經的正確解釋和闡述，共一百八十卷，定名爲《五經正義》，交付國學作教材使用。

貞觀十四年（公元六四〇年），太宗下詔說梁陳以來著名的儒家學者的講解和闡述可以取法，並命令各地官府尋找他們的子孫上報朝庭。貞觀二十二年（公元六四八年），又下詔將春秋左丘明至東晉范寧的二十一位著名儒學大師的著述傳給皇室大臣的子孫，並且說：「既能奉行他們的主張，理應嘉獎崇敬，今後在太學中祭祀孔子時，可以在孔子廟堂中配享。」

太宗開辦學校，培養人才，聲名遠播，吐蕃、高昌、高麗、新羅等各族和異邦首領派他們的子弟來求學的有幾百人，後來日本留學生也不少。在國學之內讀書和講學的，差不多達萬人。儒學的興盛，是古代沒聽說過的。唐太宗把興教重儒作爲基本國策，是富有遠見的。

唐太宗崇道尊儒，將「無爲而治」和以德治國的策略融合統一起來，從理論上解決了守成的問題，爲貞觀社會經濟的恢復和發展奠定了思想基礎。

以德制欲

欲念猶如烈馬，道德好比轀繩；轀繩可以控制烈馬，道德可以駕馭欲念。沒有欲念，就如同沒有生命的石頭、枯木，人類社會的存在、發展簡直不可想像。一個人缺乏道德的約束，不能駕馭欲念，就會隨心所欲，爲非作歹。一旦靈魂腐蝕發霉，就會危害社會，也必然導致自己的毀滅。

帝王富有四海，掌握著極高極大的權力，若不能修身養性，自控欲念，靈魂被吞噬，欲念的洪水必然衝決道德的堤岸，道德淪喪的悲劇必然是亡身滅國。唐太宗汲取前朝的教訓，崇尚無爲，修養道德，克制欲念，不斷砥礪自己，在思想上築起了一道牢固的長城。

一、遏止情欲

帝王要有堅強的意志才能抵制外界的引誘，尤其是「色」的誘惑。俗話說：「英雄難過美人關」，有多少英雄陷入色欲的泥沼，有多少豪傑栽倒在女人手中，又有多少帝王不能抵制「色」的誘惑，嬖倖婦人，如夏桀之寵妹喜，商紂之寵妲己，周幽之寵褒姒，獻公之寵驪姬……，都落得喪身滅國的下場。唐太宗卻一反前代帝王所爲，爲後世做出了榜樣。

唐太宗汲取前朝帝王的教訓，兩次下令釋放後宮和掖庭宮女，讓其各歸父母，自行嫁人，深得民心。武德九年（公元六二六年）八月，李世民剛剛登上帝位，就釋放了一批宮女。貞觀二年（公元六二八年）九月，又命令戴冑、杜正倫在掖庭西門釋放宮女。前後共出宮女三千餘人。當時親人們紛紛來到宮門外，等候迎接自己的女兒回家，宮女們出宮後，見到父母，無不抱頭痛哭，感謝太宗的大恩大德。

唐太宗這樣做，頗有意義，他說：「婦女幽禁在深宮裡，情況實在可憐。」

他反對隋煬帝無休止地選取宮女供自己役使和享樂，認為那是用權力離散人間骨肉，那是用幽閟扭曲人性，那是耽誤紅顏青春和呑噬生命，那是耗盡百姓財力和亡國滅身之舉。太宗放還宮女，使她們「各歸親戚」，「任求伉儷」，得以成全自己的本性，獲得幸福，是唐太宗的仁愛之舉。這一舉措功德無量，救了三千生靈，表現了一位傑出帝王「抑情遏欲」和體恤民情的誠心。這一舉措深得民心，勝過十萬鐵甲軍，有利於鞏固政權，表現了一位傑出帝王的博大胸懷和政治遠略。

貞觀二年（公元六二八年），長孫皇后聽說隋朝通事舍人鄭仁基的女兒年方十六、七，生得美豔絕倫，風華絕代，便奏請太宗聘娶鄭女，作為嬪妃。太宗欣然下詔，冊封的使者正待出發，魏徵急忙進宮，阻攔車馬啓程。他認為國君的處常之道，應該是撫愛百姓，以百姓的憂愁為憂愁，以百姓的歡樂為歡樂。自古以來，有道德的君主，把百姓的心願當作自己的心願，所以，君主住樓臺亭榭，就要想到百姓應該有房屋安身；君主吃著佳餚美味，就要想到百姓沒有饑寒的擔憂；君主眷顧嬪妃時，就要想到百姓也有娶妻成家的歡樂。他對太宗說：「鄭女很久以前已許配他人，陛下聘娶她，沒有懷疑，沒有詢問，讓這件事沸沸揚揚地傳播到各地，難道是作爲百姓父母的國君應有的道義嗎？」當魏徵說到「深恐這件事會損害聖上美德」，「不敢隱瞞」時，太宗非常吃驚，深深地責備自己，不該草率從事，鑄成大錯，並親自寫詔書答復魏徵，停派冊封使者，下令將鄭女送還舊夫。

可是，事情並不這麼簡單，一波未平，一波又起。房玄齡、溫彥博、王珪、韋挺等大臣一致反對魏徵的意見，都說：「鄭氏許配陸家，沒有確鑿的證據，隆重的禮儀既然舉行，不能半途而廢。」魏徵與衆大臣展開了一場激烈的爭論，鬧得太宗狐疑不決。此時，陸爽本人也向太宗上書說：「我的父親陸康健在時，與鄭家有來往，也相互饋贈資財，但當初沒有定下婚約，結爲姻親。外人不知道實際情況，結爲婚姻之說，祇不過是妄傳而已。」太宗拿這件事問魏徵：「群臣或許是順從我的旨意，陸爽爲什麼要這樣辯解呢？」魏徵又講出了一番道理：「太上皇剛剛平定京城，得到了辛處儉的妻子，頗受寵愛。當時辛處儉任太子舍人，太上皇很不高興，就下令將他調任萬縣縣令。辛處儉心懷恐懼，經常擔心不能保全頭顱，陸爽認為陛下現在雖然寬容了他，但擔心以後暗加譴責貶官，所以再三表白，本意如此，不值得奇怪。」這番話使太宗茅塞頓開，於是發出詔書說：「現在聽說鄭氏女，過去已經接受別人的禮聘，先前發出詔書的時候，對此沒有詳細審查，這是我的不對，也是有關官署的過失，授充華的詔冊應該停止執行。」當時知道這件事的人，無不感嘆稱道，陸爽也感恩不盡。

太宗能納魏徵直諫，放棄聘納絕代佳人，也實在不容易。這種能抵禦女色誘惑的自控力，不是一般君主能做到的。那些「色荒志怠，唯耽樂是從」的君王都喜歡掠人之美，至於「不愛江山愛美人」的昏君就更令人不齒了。放開眼光，穿透歷史的鐵幕，吸取教訓，怎麼能為「色」字，毀掉光輝的事業和偉大前程呢？

貞觀十九年（公元六四五年），高麗國王高藏和莫離隻（官名）蓋蘇文派使者貢獻兩名風韻別緻的傾國傾城的絕世佳人。太宗對高麗使者說：「這兩名美女離開了本國的父母兄弟，我非常可憐她們，倘若愛她們的美色而傷害她們的心，我是不願意做的。」於是拒絕接納，讓使者將兩名美女帶回國去。太宗高尚的人格道德和憐憫仁愛的精神使他的威望，如日中天，照耀八方。

權力至高無上的帝王，特別是開國的帝王，既能在廣袤的原野上叱吒風雲，也能在輝煌的宮殿裡盡情顰笑；既要在廟堂之上日理萬機治天下，又要在寢宮之內沉湎女色淫欲。唐太宗既是一位成就大業，志得意滿的君王，也是一個「愛河飲盡猶饑渴，情欲終究割不斷」的普通人，他也和歷代帝王一樣廣佔衆媛，嬪妃成群，爲了滿足自己的色欲，曾多次進行挑選美女和才女的活動，也稱得上是一位好色之君。但是，他停聘鄭女，遣返佳麗，能用道德駕馭自己的情欲，還是十分難能可貴的。

國家的滅亡，與女色確實有一定的關係，但究竟是誰的過錯呢？淺薄的人總以爲女人是「禍水」、「禍根」；有見識的人目光如電，能穿透歷史鐵幕，認爲過在男子，罪在帝王。譬如對西周的滅亡有兩種看法：《詩經·小雅·正月》上有句云：「赫赫鎬京正興旺，褒姒一笑滅亡它！」（程俊英《詩經譯註》）而屈原在《天問》中發出了「周幽王是誰誅滅，怎麼能說是褒姒呢？」的疑問和感嘆。前者把西周滅亡的責任推給了女人，是錯誤的；後者的「問」，意思極明確，即殺死周幽王的罪人不是褒姒，而是周幽王自己。常言道：「酒不醉人人自醉，色不迷人人自迷。」唐太宗能做到「抑情遏欲」，看來頭腦是十分清晰的。

二、遏止物欲

人的嗜欲愛好，不能太濃豔，濃豔則敗壞道德；也不能太枯寂，枯寂則不近人情。自古以來，帝王對自己吝嗇刻薄的少見，倡導奢侈浮華的居多，即使在艱難困苦中滾過來的，在勝利之後，也會漸漸失掉警惕，忘記創業的艱辛，滋生驕傲的情緒，把注意力轉向浮華奢靡的享受。若不制止，任其發展，就會物欲橫流，釀成禍及宗廟社稷的大患。看來，人生最大的敵人是自己。唐太宗能隨時加強自我完善和心性修養，制服內心的欲念，做到心海靜如止水，不受外物干擾。

唐太宗出身武將世家，一生征戰沙場，尤其喜愛弓矢戰馬，又喜歡畋獵，寵愛鷹犬。貞觀二年（公元六二八年），太宗得到一隻迅猛矯捷、馴服俊異的鷂鳥，十分喜愛，常常把牠架在臂上賞翫。有一天，他正在逗翫鷂鳥，忽聽內傳報告魏徵有事求見。太宗見魏徵走來，擔心翫鳥的事被魏徵發現，又要率直勸諫，一時情急，趕忙把鷂鳥藏在懷中。魏徵奏事時，那鷂在太宗懷裡悶得慌，便胡亂掙扎，太宗又擔心被魏徵發覺，就用手按住鷂鳥。無奈魏徵喋喋不休，說個未完。但他一向敬重魏徵，祇好耐心地聽魏徵把話講完。等到奏事完畢，那鷂鳥早已在太宗懷裡捂死了。

古人說：「憂勞可以興國，逸豫可以亡身。」歷史上翫物喪志，身死國滅的事實在不少。春秋時有一位衛懿公，很喜歡鶴。他竟然讓鶴乘上大夫的軒車，經常跟隨自己在都城內招搖過市。當戎狄來進攻時，將士都不願去打仗，都說道：「讓鶴去打仗吧！鶴享有豐厚的俸祿。」結果，衛國被戎狄消滅（《左傳·閔公二年》）。衛懿公翫物太邪乎，以致身死國滅，下場是多麼可悲啊！愛鳥、玩鳥，看起來是小事，但可以釀成巨大的禍患。這就是「千丈之隄，以螻蟻之穴潰；百尺之室，以突隙之煙焚」（《韓非子·喻老》）。唐太宗玩鷂，也許有損於帝王的形象，但他寧可讓鷂鳥死在懷中，也要聽完忠良之臣的直諫，這種控制情緒的力量正是來自心性的修養和道德的完善，表現了賤鳥重賢，以國事為重的品質。

貞觀五年（公元六三一年），林邑國「今越南中部」派使者到長安進獻五色鸚鵡。這五色鸚鵡羽毛鮮亮美麗，眼珠翻轉靈活，會說話，特別善於對答，顯得十分伶俐，可愛極了。牠還屢次說一些很痛苦的話，想回歸自己的國土，顯得非常可憐。太宗雖然愛這鳥兒，但想到「玩物」的危害，想到對鄰邦要以德懷遠，對靈性的小生命應有仁惻之心，於是囑咐林邑國的使者將鸚鵡帶回，放飛到樹林中去。太宗如此警惕，深謀遠慮，杜漸防萌，生怕自己道德修養不高，確實是聖智的君主啊！

說他明智，有時也糊塗；說他有爲，有時也胡作非爲。太宗戎馬半生，尤其喜愛駿馬。他有一匹寶駒，常養在宮中。一天，這匹寶駒無病而突然死亡。太宗遷怒於養馬的人，要殺死他。長孫皇后聽說此事，連忙跑來勸阻，並講了一個春秋時的故事：

「齊景公心愛的寶馬突然死亡，也要殺養馬的人。晏子便當著齊景公列舉養馬人的罪狀說：『你有三大罪狀：國君派你養馬，你把馬餵死了，這是其一；讓國君因死一匹馬的緣故而殺人，使百姓聽到後，埋怨我們的國君，這是其二；各國諸侯聽到這個消息，必然輕視我們的國家，這是第三條罪狀。』景公聽出了晏嬰的話外音，於是赦免了養馬人。這個故事記載在《晏子春秋‧內篇諫上》裡，陛下曾經在讀書時看到過，難道忘記了嗎？」太宗聽了長孫皇后引經據典的議論，怨氣頓消，羞愧萬分，立即下令釋放了養馬人。

人有癖好，帝王也不例外，愛鳥愛馬都無可非議。祇是因愛鳥愛馬荒廢政事，賤人輕士，亂殺無辜，損害道德，就大錯特錯了。衛懿公的好鶴，是亡國之君的行徑。齊景公的愛鳥愛馬，是昏君的行爲，但還能納諫改過。唐太宗是明君，竟然因愛馬而要殺人，可能是一時昏聵。由此看來，昏君所喜歡的東西也是明君所喜愛的，明君和昏君的相似，大概是天性使他們這樣的。不過明君能知足常樂，而昏君欲壑難填。明君和昏君之間，有時看起來祇有一線之隔，其實在道德上的差異太大了。明君的昏聵說明修養高尚的道德抑制邪惡的侵蝕，不是一朝一夕的事。這就是所謂「破山中之賊易，破心中之賊難」啊！

三、順從民欲

唐太宗的「遏情止欲」是根據道家的「無爲」思想提出的，但並不是要禁斷一切正常的生理、心理欲望。他把道家的「無爲」思想和儒家的「民本」思想結合起來，要求自己的欲望一定要「從民所欲」即重視順應民心。他認爲帝王之道，就是要喜歡老百姓之所喜，厭惡老百姓之所惡，要做到「己所不欲，勿施於人」，用「仁恕」治理天下。因爲拿自己的欲望去順應民情，民心就安定，國家就昌盛；勞累百姓來滿足自己的欲望，民心就思亂，國家就滅亡。

貞觀三年（公元六二九年），太宗在與大臣們討論興建工程時，拿秦始皇修建阿房宮和大禹治水相比，深有感觸地說：「大禹開鑿九山，疏通九江，耗費人力巨大，卻沒有人痛恨埋怨，是民心希望如此，他集中了百姓的願望。秦始皇營造宮室，人們常常指責批評，就因爲他是爲了滿足私欲，與民心不一致。」太宗以民心爲尺度來量度興建工程正是施政必須「先存百姓」的思想和行帝王之道精神的體現。他深知隋末大劫難，百姓需要修養生息，希冀有一個寧靜、安定、寬鬆的環境，以便儘快恢復生產，改善生活。既然如此，帝王就要「以德制欲」，「從民所欲」，實行寬緩的政令，輕徭薄賦，不擾害百姓。如果不是這樣，帝王將自己的欲望加在百姓身上，就會激起他們的憤怒、怨恨和反抗。

唐太宗在貞觀年間，躬行道家的「清靜無爲」和儒家的「輕君重民」的思想，不以絢麗多彩的顏色爲娛，不以淸脆悅耳的聲音爲樂，不嗜好美味佳餚，不追求珍寶奇貨，不迷醉縱馬畋獵，不說違背民情的話，不做違背民情的事，堅持操守，讓自己的欲望和百姓的欲望統一起來，爲貞觀年間的安定繁榮奠定了基礎。這有力地證明，唐太宗是一位深諳治國得民心之道的聖明君主。

靜以修身

道家倡導「守靜」，這個「靜」字玄妙之極。靜中觀景，花草竹樹尤爲清晰；靜夜聽鐘，聲音格外清脆響亮；心在靜中，功名利祿、是是非非、恩恩怨怨都好像跑到爪哇國裡去了，心也似乎達到了「六根清靜，四大皆空」的境界。這個「靜」字是修身養性的法寶哩！唐太宗靈活運用這個「靜」字達到了極致。運用「以靜待敵」的策略，能戰勝強敵；採用「以靜治國」的策略，能使百姓安居樂業；更知道以「靜」涵養心性，能使道德素質達到崇高而奇妙的境界。他把「損欲」和「守靜」巧妙地結合起來，貫徹在自己的行動中，得到了很多益處。

一、君臣論「靜」

太宗奉行「無爲」政治，以「守靜」的策略治理天下，主要是採納魏徵的意見。魏徵認爲五帝三王的時代，君王躬行無爲而治之道，就成就了帝業，躬行仁義之道，就成就了王業，國家的大治，完全在於國君的治理教化。魏徵早年出家爲道士，深受《老子》思想的影響。他認眞總結隋朝滅亡的教訓，冷靜分析貞觀初年的天下大勢，希望太宗效法堯舜，推行無爲之道，以「守靜」策略，治理天下，成就帝業。

貞觀十一年（公元六三七年），魏徵在奏疏中指出：「隋氏以富強而喪敗，動之也；我以貧寡而安寧，靜之也。靜之則安，動之則亂。人皆知之，非隱而難見也，微而難察也。」可見，魏徵把國家的興亡和國君的成敗歸之於靜、動。唯有「靜」才能使國家安定，百姓安寧；而「動」則是禍亂的根源。他還說：「昔隋氏之未亂而自謂必無亂，隋氏之弗螨自謂必不亡，所以甲兵屢動，徭役不息，至於身將戮辱，竟未悟其滅亡之所由也，可不哀哉！」這裡以隋煬帝受辱被殺的亡國教訓爲戒，要求太宗不要「甲兵屢動，傜役不息」，要「靜」撫天下，讓百姓休養生息，盡快恢復社會元氣，進而達到天下大治。他認爲國君思危則安，思亂則治，思亡則存。他要求唐太宗加強心性修養，「節嗜欲以從人，省畋遊之娛，息靡麗之作，罷不急之務，愼偏聽之怒……」（以上摘引均見《舊唐書·魏徵傳》）一言以蔽之：「以靜安天下」。

唐太宗認爲魏徵的話很正確。他曾經深有感觸地說：「往昔初平京師，宮中美女珍翫，無院不滿。煬帝意猶不足，徵求不已，兼東征西討，窮兵黷武，百姓不堪，遂致滅亡。此皆朕所目見。故夙夜孜孜，惟欲淸靜，使天下無事，遂得傜役不興，年穀豐稔，百姓安樂」（《貞觀政要·政體》）。太宗和魏徵二人的言論是完全一致的。他深諳「無爲」之道，決心一反隋煬帝的所作所爲，以「守靜」的策略治理天下，終於在較短的時間內，使全國上下安定和睦，使遠邦外族請求歸附，建成了屹立於世界東方的大唐帝國。

下面略舉數例，看唐太宗怎樣「守靜」的。

二、力戒畋獵

唐太宗酷好畋獵，擔任秦王時，常常放縱自己，以格鬥猛獸、射殺飛禽爲樂事。登基後，依然我行我素，興趣不減。於是大臣魏徵、虞世南多次拿司馬相如勸諫漢武帝不要駕車驅趕猛獸，張昭勸諫孫權不要騎馬射虎和袁盎拉住漢文帝車駕的馬韁不准臨陡坡縱馬衝下的歷史事實勸阻太宗，要求國君克制私欲，堅守清靜。使太宗認識到愛好打獵，放縱娛樂，小而言之，會影響自己保持良好的品格；大而言之，會影響自己生命和社稷的安危。魏徵講述的「遊畋失位」的故事，尤其使他深受教育。

太康是夏朝第三代國君，一味貪圖享樂，驕奢淫逸，一次，他帶著臣下到洛水邊去畋獵，三個多月過去了，還不願意回朝，等他想起回宮，王位已被大臣后羿篡奪了。后羿是有窮氏部落的首領，射箭百發百中，奪取太康的王位，獲得了巨大成功。但是他不理朝政，一心守獵遊樂，終於被家丁寒浞殺死。奪取的天下又重歸夏朝。

太宗認識到畋獵過度確實是糊塗，他決心採納大臣的意見，汲取歷史的教訓，「損欲」、「守靜」加強心性的修養，割捨個人喜愛的娛樂。圍獵絕不超過規定的限度，損農害政；打獵，絕不驅車或騎馬瘋狂地追趕猛獸，絕不與虎豹熊等猛獸徒手搏鬥。他盡力克制欲望，停下獵車，收起弓箭，把心力轉到治國安民上。如貞觀元年，孫伏伽「爲社稷生民之計」，認爲好騎射、喜畋獵，不是「安養聖躬」之法，不是「天子事業」，攔馬執轡極諫，太宗終於罷獵，並提升孫伏伽爲諫議大夫。次年，太宗欲幸南山畋獵，見魏徵回朝而罷。貞觀十四年冬，太宗準備去櫟陽圍獵，縣丞劉仁軌知道這個消息，到太宗行幸的地方上表勸諫說，雖已入冬，但收穫尚未完畢，似乎不是打獵的時候。太宗見劉仁軌言辭懇切，委婉得體，十分感動，於是放棄打獵的計畫，並提拔劉仁軌爲新安縣令。

三、不尚巡幸

唐太宗把「遏欲」、「守靜」結合起來，貫徹在自己行動中，還表現在「戒巡幸」上。

他知道周穆王駕八駿遊天下，導致周室衰微，他知道秦始皇五次出巡，沿途刻石，歌頌自己的功德，勞民傷財，給秦王朝的滅亡種下了禍根。他是從隋朝過來的人，知道隋煬帝巡行之前，修離宮、建別館、築馳道、浚江河，勞民傷財，鬧得民怨沸騰，知道隋煬帝巡幸時，浩浩蕩蕩，排場極大，耗資甚巨。煬帝巡幸江都，龍舟和其他船隻數千艘，相接二百餘里，挽船的八萬餘人，挽漾彩的九千餘人；騎兵夾岸護衛而行，旌旗蔽野。經過的州縣，五百里內都要供奉佳餚美味。他七次出巡，耗資億萬。

唐太宗深知巡幸的危害。若是體察民情，可以適當出巡。若是爲了遊山玩水尋求歡樂和刺激，擾民誤國，就大錯了。貞觀初年，他告誡自己和大臣說：「隋煬帝多修宮室，愛好遊玩，究竟祇害了自己。」又說：「這些都是我耳聞目睹的，我要用它來深切地警戒自己，所以我不敢輕易使用民力，祇想讓老百姓得到安寧，沒有怨恨，不發生造反的事就行了。」他在貞觀年間沒有大舉出巡過。

貞觀十一年（公元六三七年）太宗駕幸洛陽宮，在積翠池裡遊玩，目睹雕飾華美的宮殿，再次指出煬帝不停地出遊，使百姓不能忍受勞役和攤派，是他身死國滅的原因。他和衆大臣共勉，一定要弘揚正道，改變社會風氣，革除隋朝留下的弊端，讓百姓世代得到好處。他要求自己常住關中，「損欲」、「守靜」，絕不隨意出遊，並要求大臣發現自己有違理過失必須儘量說出來，好立即改正。

四、停止封禪

古人以天地爲尊，帝王一旦建立功業，就認爲這是天地造化之功，要率領群臣到五嶽之首的泰山去舉行封禪大典。唐太宗雖然功德巍巍，超過了秦皇漢武，但他能採納魏徵的忠諫，「損欲」、「守靜」，停止封禪。

何謂封禪？所謂「封」是在泰山上築土爲壇祭天，報天之功；所謂「禪」是在泰山之陽的梁父山上闢場祭地，報地之功。其實就是帝王顯耀自己的功德，報己之功。這種活動排場大，耗資巨，損農擾民，是一場災難。戳穿了，封禪祇不過是帝王胡亂折騰的事，是愚昧的行動。帶上成千上萬的人馬像遠征軍一樣地奔赴荒山僻嶺，又是禱告，又是叩拜，豈不是在表演一齣荒誕不經的鬧劇嗎？

貞觀五年（公元六三一年）五月，由於平定外患，國家穩定，連年五穀豐登，人民安居樂業，趙郡王李恭率先奏請封禪。十二月，武則天的父親利州都督武士彠又上表請求封禪，太宗都沒有答應。次年春，文武官員再次請求，太宗也未同意，他解釋說：「你們都以爲封禪是帝王的盛事，我卻不以爲然。如果天下的百姓生活安定，家給人足，即使不封禪，又有什麼妨害呢？從前秦始皇封禪而漢文帝不封禪，後世的人難道認爲漢文帝不及秦始皇賢明嗎？再說祭祀上天，在南郊掃地而祭也可以，又何必要遠涉千里，登泰山之巔，封數尺之土呢？」太宗認爲封禪的事，不符合百姓的欲望，所以克制自己，拒絕封禪的請求。但由於群臣還是「請求不已」的慫恿，煽起了太宗上泰山刻石顯耀功德的欲火。他正準備依允，採納衆議，祇見魏徵獨持異議，表示反對。太宗很不高興，責問他說：

「你不想要我封禪，是因爲我功績不高嗎？」

魏徵說：「高！」

「德行不厚嗎？」

「厚。」

「中原不安定嗎？」

「安定！」

「四夷不服從嗎？」

「服從。」

「每年五穀還不豐登嗎？」

「五穀豐登。」

「既然這樣，爲什麼不能封禪？」

魏徵面對太宗的責問嚴正地指出：「陛下雖然具備了以上六點，然而承接隋末大亂之後，天下戶口沒有恢復，國家糧食還十分空虛。皇帝的車駕東巡，千乘萬騎，那張羅供應慰勞的費用，老百姓也負擔不起啊！」又說：「現在從伊、洛二水向東直到東海、泰山，人煙稀少，滿眼草木叢生，連年免加賦稅，也不能補償百姓的勞苦。那是崇尚虛名而實際受害啊！」（《資治通鑑》卷一百九十四）

魏徵的勸諫猶如韁繩拴烈馬，太宗終於用理智克服了欲念，不再提封禪的事。

自知自罪

君主的品德貴在自知、自罪，自知就能謙虛謹愼，自罪就能改正錯誤，否則就會自智、自驕，自智就獨斷專權，自驕就簡慢賢士。前者是興國之主，後者是亡國之君。唐太宗自知、自罪，不愧爲曠代的聖君。

一、謙虛藏智

太宗認爲，位尊權重，應該心存畏懼，謙虛恭謹，如果不保持謙虛恭敬的美德，做錯了事，誰敢冒犯直諫？臣下不敢直諫，帝王有錯不糾，長此下去，就會犯更大的錯誤，以致釀成亡國的禍患。古代亡國之君，都是自驕自矜的。太宗說話辦事都兢兢業業，心懷畏懼，他說：「蒼天高高在上聽察人間善惡，怎麼能不畏懼？公卿大臣士人都表示敬仰，怎麼能不畏懼？」他表示要謙恭、畏懼，盡力做到上合天意，下順民情。魏徵深有感觸地說：「古人說：『萬事開頭講得好，很少能有好收場』（程俊英《詩經譯註》）。希望陛下堅持經常謙虛、畏懼的原則，一天比一天謹慎，那麼國家就會永遠鞏固，不會傾覆了。」太宗所講的謙虛謹慎是一種良好的心態，可貴的品德，而魏徵把它看成治國的一條法則，就略高一籌了。

謙虛怎麼是治國的法則呢？老子說：「夫唯不爭，故天下莫能與之爭。」舜也告誡大禹說：「你祇要不誇賢能，那麼天下無人敢與你爭賢能；你只要不誇功勞，那麼天下無人敢與你爭功勞。」這祇是說的一種品德？是講的一種不著痕跡、不顯頭角、不露鋒芒的進攻手段和技巧，即以靜制動、以退爲進的政治策略，也是一種容忍精神。項羽不「忍」，鋒芒全露，所以失敗；劉邦善「忍」，養其全鋒，所以勝利。豈不是說帝王不爭天下，就沒有誰敢與他爭天下麼？可能謙虛確實是一條戰勝強敵，奪取天下的法則，太宗在武德年間，面對建成、元吉的迫害，若不是謙虛謹愼，能容能忍，能奪取玄武門之變的勝利嗎？後來，若不是謙虛謹慎，能容能忍，納魏徵、王珪等大臣的善言，能有「貞觀之治」的業績嗎？一個高明的政治家，謙虛而否定自己，不想達到任何目的，客觀上卻達到了。一個笨拙的野心家，驕慢狂悖而肯定自己，想達到目的，結果總是以失敗而告終。

貞觀三年（公元六二九年），太宗與給事中孔穎達的談話頗有深意。太宗問：「《論語》說：『以能問於不能，以多問於寡，有若無，實若虛。』何謂也？」孔穎達回達說：「聖人教化，希望人們謙虛而光明盛大。自己雖有才能，不矜誇，仍向沒有才能的人請教不懂的事情；自己雖多才多藝，猶覺不足，仍向知識少的人請教而更求補益。自己雖有才能，那情狀像沒有才能一樣；自己雖知識豐富，那態度像沒有知識一樣，不僅百姓如此，帝王的德行也應這樣。帝王要『內蘊神明，外須玄默』，使自己高深莫測。所以《周易》說：『以蒙昧自居，自養正道』，『要隱藏明智去治理百姓』。如果居於尊位，炫耀聰明，恃才凌人，掩飾過失，拒絕勸諫，上情和下情隔絕，君臣都違背原則，自古以來國家滅亡，都是由於這種情況造成的。」太宗聽了豁然開朗，心喜異常，重賞了孔穎達。

為何重賞孔穎達？因為孔穎達闡發了謙虛，就是「韜晦」的奧祕。韜晦者，隱聲匿跡，不自顯露也。就是說人在鬥爭中要謙虛謹慎，不顯鋒芒，做到高深莫測。這種藏巧於拙，藏智於愚，以保全生命，使事業獲得成功的計謀是可取的。韜晦分兩種：其一，如孫臏之裝瘋，劉備之學圃，司馬懿之假裝聾聵，都是隱藏聲跡，保護自己；其二，如王莽、楊廣之流，矯情作假，蔽上蒙衆，圖謀帝位。前者令人佩服，後者令人不齒。太宗深諳「韜晦」策略奧妙，運用自如，使自己在鬥爭中立於不敗之地。

二、玄默愼言

《默子·閒詁》中記載：「子禽問曰：『多言有益乎？』墨子曰：『蝦蟆黿蠅，日夜而鳴，舌乾擗（裂開），然而不聽。今鶴雞時夜而鳴，天下振動。多言何益？唯其言之時也。』」這是關於「言」的一段很精闢見解。意謂話不在多，言必中的。即「鋼要用在刀刃上，話要說到點子上」。「說到點子上」很不容易，就要「慎於言」。一般人應該這樣，帝王尤其應該如此。

貞觀二年（公元六二八年），太宗對侍臣說：「我每天坐朝，想要說出一句話，就要考慮這一句話對百姓是否有益，所以我不敢多說話。」看來太宗是做到「慎於言」了。給事中兼掌起居事務的杜正倫，為人忠誠正直，對國君的言行必定認眞記錄在起居注裡，他向太宗上奏說：「陛下如果有一句話違背了道理，那就會對聖德有損千萬年，不衹是現在對百姓有害，希望陛下說話謹慎。」杜正倫要求太宗「愼言」，是從「一言乖於道理，則千載累於聖德」（《貞觀政要‧愼言》）的角度提出的，從影響子孫萬代來考慮，無疑深刻多了。太宗還認識到，言語關係到人的德行，說話很不容易：「百姓一言不愼，會危害自身，恥辱的是自己。一國之君，一言不愼，不只危害自己的名譽，或許會給人民帶來災難，給社稷帶來禍患。」所謂「一言以喪身」，此話不假；「一言以喪邦」，也許言過其實，但仔細一想，也有道理。唐太宗以百姓爲念，以社稷爲念，用「愼於言」來警戒自己，可以說思慮周全，治身有術了。再說「愼言」，就是「才華宜藏」，「寧默無躁」，是一種隱藏機鋒的手段。太宗「愼於言」，把治國之術藏於胸中，不讓他人所知，能有效地駕馭臣民。

唐太宗思想深刻，思維敏捷，口才好。貞觀十六年，竟忘了「唯其言之時也」的話，興趣盎然地與大臣討論古代學說，常常滔滔不絕，又不斷向衆大臣提問，有時咄咄逼人，衆臣若回答不上來，便有詰責之意，使臣下非常難堪。有時爲一個問題辯論，總是太宗佔上風。散騎常侍劉洎上書說：治理國家，不依靠言辭通達善辯，應該忘掉那些愛好和厭惡，謹慎取捨，踏實做事，要像貞觀初年那樣，不否定「無爲而治」的原則，如果像秦始皇那樣善於強辯驕傲，就會失去民心，像魏文帝那樣富於辯才說空話就會失去衆望。「皇天以無言高貴，聖人以不言爲德」（《貞觀政要·愼言》）。劉洎還指出：老子的「大辯若訥」是說善辯者好像說話很遲鈍」，莊子的「至道無文」是說「眞理不須用文彩修飾」，都是很有道理的。爲此，省去空洞的雄辯，修養節操和正氣；抛開古代的典籍，抑制自己的興趣和愛好。這樣就能使自己長壽，使國家達到太平盛世。

劉洎一番話，猶如醒腦湯，使太宗大徹大悟。太宗清醒地認識到：不思慮，無法治理國家；不談話，不能闡述治國的謀略。但是與臣下談論，造成繁劇過甚；或由此態度驕傲，輕視別人；或由此欲望太盛，縈思費神，都是錯誤的。

三、節制愛好

唐太宗能「愼所好」，是良好品德的表現。

據《韓非子》上載：「齊桓公喜歡穿紫衣，於是都城的人全都穿上紫衣。這種習俗一旦形成竟不能禁斷，鬧得桓公無可奈何。無獨有偶，《晏子春秋》中記載：齊靈公喜歡宮婦著男裝，都城中的女子全穿上了男裝。靈公派官吏去禁止，即使「裂其衣，斷其帶」，這種怪異現象也不能禁止。《後漢書》載：漢靈帝劉宏恣意享樂，閹豎張讓等爲了博得靈帝歡心，獨出心裁地造了一輛金裝玉飾的驢車獻給靈帝。靈帝就整天駕著驢車在御道上奔跑取樂。因此，朝廷顯貴、京都富商，紛紛仿效，鬧得一時間「洛陽驢貴」，甚於馬價，整個洛陽城被湮沒在驢車揚起的漫天塵埃中。三則故事，何其驚人相似！桓公癖愛紫服，造成了不良影響；靈公喜歡女著男裝，近乎荒唐；漢靈帝「上樑不正下樑歪」，則是亡國之君的行徑了。

爲此，貞觀君臣認爲：英明的君主，百姓喜歡的，他就喜歡；百姓厭惡的，他就厭惡。能抑制自己的不良癖好，以適應百姓的好惡。不讓自己的癖好影響臣民，給社稷帶來危害。平庸的君主，當發現自己不良癖好影響百姓，給社稷帶來危害時，也能糾正而不姑息。昏君則祇知荒淫無度，騁其本性，盡情遊樂。唐太宗深知君主的德行、舉止能深深影響臣民的心理和行爲，因而十分注意節制嗜好。他懇切地說：「堯舜以仁義統治天下，民風也隨之淳厚；桀紂以暴虐統治天下，民風也隨之澆薄。臣民做的，都是順從君主所喜愛的。」是啊！「上之所好，下必甚焉！」此言信然。太宗還講了梁武帝父子亡國滅身的故事：

梁武帝蕭衍，尙浮華，好佛學，由虔誠而達到狂熱。他捨身佛寺，親自講解佛經，文武百官都打扮奇特，戴大帽、穿高靴，整天價侫佛談佛，毫不留心軍機國務，法典制度。等到侯景率叛軍攻打皇宮，百官多不善騎馬，祇好步行逃跑，一個個都被殺死。武帝被幽禁餓死臺城。其子梁孝元帝蕭繹，即帝位於江陵，被元魏大將萬紐于謹領兵圍困，他不想法禦敵，卻在龍光殿宣講《老子》，百姓都著軍裝聽講。不久，江陵失守，君臣被虜，蕭繹被殺。

梁武帝父子，一個佞「佛」而死於「佛」，一個好「老」而死於「老」。他們走火入魔，如痴如迷，一個想念「經」升入雍雍穆穆的極樂天界，一個想講「老」超脫人世列入仙班，豈不荒誕可笑！他們的大臣，無不好國君之所好，把軍事當兒戲，把清談當決策，豈不大錯特錯！太宗把梁武帝父子亡國滅身的事作爲鑒戒說：「我現在愛好的，祇是堯舜的法則，周公、孔子的儒教，把他們當作鳥有翅膀、魚依水一樣。」

關於神仙之道，唐太宗有清醒的認識。他說：「神仙事本是虛妄，空有其名」（《貞觀政要·愼所好》），犯不著胡亂尋求神仙。他又用秦始皇、漢武帝好神仙的事來警戒自己：

秦始皇想長生不老，竟相信東海有三座神山的荒誕說法，駕幸海邊尋找，可是海天茫茫，連虛幻景象也沒有。秦始皇他又聽信方士徐福的誑言，派他率領三千童男童女和各種手藝人組成龐大的隊伍，乘船前往海上尋找仙山。可是徐福一去而不返。秦始皇執迷不悟，徘徊海邊等待，歸途中，走到沙丘就死了，他至死不知被騙，太可悲了。漢武帝喜好長生術，夢寐以求長生不老，他相信的方士有李少君、少翁、欒大等人。武帝一次又一次地上當受騙，不知後悔，更加可悲！他深受欒大毒害，竟然將女兒衛長公主嫁給他，後來見神仙事無靈驗，才將欒大殺掉。

太宗不信相神仙虛事，他說：「君天下者，以正身修德而已。此外虛事，不足在懷」（《貞觀政要·愼所好》）。由此可見，他推崇道教，不是爲了成仙長生。他不信迷信，體現了明智豁達的生命價値觀。

四、善於改過

古人云：「人非聖賢，孰能無過？」秦穆公在「崤之戰」後，能反省罪己，不責臣下；漢武帝在晚年下「輪臺罪己詔」，表示「悔過自新」；諸葛亮在街亭之役後，引咎自責，自貶三級。他們磊落的胸懷和改過的品德，都是難能可貴的。

唐太宗自知自罪，嚴於解剖自己，具有正視錯誤，納諫改過的品質。早年，唐太宗戎馬倥傯，忙於戡亂，無暇讀書。國家安寧後，深感缺少學問，不能親自執書卷閱讀，便叫人朗誦給自己聽。他在書中懂得了君臣父子的倫常，政治教化的策略。他說：「不學習猶如面對牆壁，臨事就會碰到煩惱。」太宗悔恨少年事，認眞讀書，是値得稱道的。

貞觀年間，太子承乾常常無視法令制度，太宗很惱火。而魏王李泰因爲有才能特別受到太宗的器重，還特意詔令李泰移居武德殿，魏徵認爲，太宗過分寵愛魏王李泰，要他移居武德殿，是把他放在嫌疑的位置上，助長了他的驕奢，混淆了特定的名分，對李泰是危險的。李元吉曾住過武德殿，當時人們都議論紛紛，現在情況變了，但還是要避免衆人七嘴八舌發議論。太宗經魏徵提醒，恍然大悟，想到外面風言風語，說他要換太子，另立儲君，又想到當初建成、元吉引起的亂事，吃驚地說：「幾乎沒有思量這事，是個大錯誤。」於是命令魏王李泰回魏王府去。

《呂覽·正名》中說：「名正則治，名喪則亂。」如果君主不能控制駕車的轡，即不能正名審分，那麼國家就會發生禍亂了。歷史上淆亂名分而招致災禍的事太多了。唐太宗身爲明主，忘記這一原則，是個大錯誤。李泰確實產生了非分之想，後來太子被廢，李泰遭貶，太宗幾乎痛不欲生，教訓太深刻了，魏徵能從君道的無爲原則出發，糾正太宗的錯誤，太宗也能及時改正，都是很可貴的。

貞觀十八年（公元六四四年），太宗對衆臣說：「臣子對於帝王，總是順承旨意，說好聽的話來博取帝王的歡心。我想知道自己的過失，你們都可以如實講出來。」劉洎直截了當地說：「陛下每次與大臣討論事情，以及有人上奏的時候，因爲他們的意見不合你的心意，有時當面追問責難，如此，沒有誰不慚愧退下的，恐怕這不是鼓勵臣下進諫的辦法。」太宗聽後表示要及時改正。太宗主動徵求意見，是一種謙虛的品德。對於臣下的批評能虛心接受，這種不迴避錯誤，不怕丟失面子的開闊胸襟確實具有英明帝王的氣度。

太宗畏懼史官記錄自己的過失，表示要處處小心，事事謹愼，要努力做好三件事：一是審前代成功失敗的事實，以爲借鑒；二是選用賢人，共同制定治國的策略；三是排斥、疏遠小人，不聽信讒言。太宗的畏懼心理保證了在執期間不犯禍國害民的重大錯誤，而一旦發現錯誤，便立即改正。正是這種自知、自罪的良好品德，促成了貞觀大治，使他的事業更加輝煌！

唯才是舉

大凡國君治理天下，一定要依靠忠臣賢士的輔佐。如果任用賢才得當，天下必然大治。古人說：「尙賢者，政之本也」《墨子．尙賢》。唐太宗也認爲人才是國家強盛的根本，是帝王治理國家的寶貴財富。他的「尙賢」絕不是擺出一種姿態，而是把「孜孜求士」作爲治國的第一要務。他的求賢勝過了「一飯三吐哺，猶恐失天下之士」的周公，勝過了擁有「三傑」的漢高祖劉邦和善於辨識「披褐懷玉」之士的漢武帝劉徹，也勝過了敢於任用「負污辱之名，有見笑之恥」賢才的魏武帝曹操。他無論是在烽火連天、戎馬倥傯的戰鬥歲月，還是在吏治澄清、社會安定的太平盛世，無論是在朝堂議政，處理政務的繁忙時刻，還是在官闈閒暇、飲酒賦詩的歡娛之際，都能念念不忘搜求英傑，羅致人才。唐太宗在即位之前，其秦王府就是英賢畢集，俊才薈萃之所。這些英賢俊才團結在他的周圍，形成了一個強大的軍事政治集團。憑著這個強大的軍事政治集團，他削平群雄，立下赫赫戰功；憑著這個強大的軍事政治集團，他擊敗了建成、元吉爲首的東宮集團，登上了九五至尊的寶座。他的麾下，人才濟濟，眞是謀臣似雨，猛將如雲。但是，他仍然把求俊薦賢放在第一位，多方延攬人才，治理天下。「貞觀之治」的繁榮局面，就是唐太宗求賢用才藝術高度成功的典範。

唐太宗在登基稱帝後，究竟是怎樣求賢、任賢的呢？

一、四請馬周

古往今來，國君能從草野間選拔人才並不少見，最著名的要算漢武帝。他從地位低下的人中間超擢提拔的人才眞不少。如「卜式拔於芻牧，弘羊擢於賈豎，衛青奮於奴僕，日磾出於降虜」，連名相公孫弘也是一個「牧豕兒」。其他如主父偃、兒寬、朱買臣，「不可勝紀」。武帝善於識別「披褐懷玉」的賢才，用人不分貴賤。唐太宗也極富識鑒，很重視從民間選拔人才，並不亞於漢武帝，他在任用賢才方面留下了不少佳話，其中「四請馬周」的故事尤爲感人。

貞觀二年（公元六二八年），天下大旱，災情嚴重，赤地千里，餓殍遍野。唐太宗心憂如焚，內懷恐懼，認爲天旱是朝廷政令不當造成的。他一方面效法成湯「桑林禱雨」，率領百官禱告蒼天，譴責自己執政的過失，請上天降罪於己，乞求普降甘霖；另一方面下詔，令文武百官上書，指出政令得失，提出具體建議。中郎將常何是個赳赳武夫，未涉經史，不通文墨，哪裡能上書直諫利弊得失，提出治國的建議呢？他急得抓耳搔腮，愁眉不展，如熱鍋螞蟻，不知如何是好。這時，他的門客馬周，見他心事重重，便問他有什麼爲難之事，常何就將心事和盤托出。馬周聽了，連忙表示願意爲他草寫奏章，一定使皇上滿意，常何一聽大喜，連忙叫僕人磨墨展紙，請馬周代筆，祇見馬周不假思索，颯颯運筆，一下子幫常何羅列批評和建議二十餘條。

次日早朝，常何懷著忐忑不安的心情將這一奏章呈給皇上。太宗一看，立即被這洋洋灑灑、條理清楚的文章所吸引，太宗看罷又喜又驚。喜的是這些陳條，有根有據，切中時弊，極有價値，正可實行；驚的是常何一介武夫，不通文墨，怎麼能提出這樣具有遠見卓識的意見？連忙召來常何上殿詢問奏章的事兒。常何見太宗詢問，心中更加不安，哪敢隱瞞，只好如實稟報說：「臣實不才，哪有這樣的眞知灼見，這是我的門客馬周代我寫的，還望陛下恕罪。」太宗十分賞識馬周的才能，立即讓常何回家，請馬周入宮見駕。

馬周，字賓王，博州茌平人。他年少喪父，家庭貧困，熱愛學習，涉獵甚廣，尤其精通《詩經》和解釋經義的文字。武德年間，在博州任助教，經常受到地方官的訓斥。他雖落拓不得志，但清高孤傲，有骨鯁之氣。他胸懷大志，不願受地方官的氣，便拂袖而去，離家遠遊，千里跋涉，奔赴長安，寄寓在常何家。他曾豪飲醇酒八斗，世人以爲狂客，實乃「吳下奇士」。

太宗在宮中等馬周見駕，一個時辰過去了，馬周沒有來。太宗求賢心切，立即派宮中內官駕著彩車去接，又等了一個時辰，馬周還是沒來。太宗一連派了四位使者前去催促，馬周才進宮見駕。太宗一見這位將近三十歲的年輕人，面貌清癯，衣著樸素，雙目炯炯，儀表不凡，心裡十分高興。太宗與他上稱堯舜，下斥隋煬，縱論古今興衰得失，暢談諸子百家，言及治國方略和忠孝之事，馬周都能對答如流，分析精闢，太宗就安排他在門下省辦事。貞觀六年，就擢升他擔任考察百僚，巡按州縣，糾視刑獄，肅整朝儀的監察御史之職。太宗委以要職，足見太宗用人的標準是以德才俱稱，不分親疏貴賤的。馬周確實才能卓越，禁得住實踐的檢驗，後來果然不負太宗厚望，位至宰輔，爲治理國家作出了貢獻。

馬周富有機智善辯的才能，奏事無不合符實際，析理無不深刻透徹，很合太宗心意。太宗曾經說：「我對馬周，祇要暫時不見，就想他。」太宗之於馬周，聲氣相通，感情至深，可謂知己之友了。太宗對馬周的評價很高，他說：「馬周見事敏速，性甚貞正。論量人物，直道而言。朕比任使，多能稱意」（《資治通鑑》卷一百九十七）。貞觀二十一年，太宗親自用「飛白書」爲馬周題寫十六字說：「鸞鳳衝霄，必假羽翼，股肱之寄，要在忠力」（《舊唐書·馬周傳》）。以表彰他忠心爲國，使馬周享有殊榮。太宗是何等地信任馬周啊！

馬周實在是因常何一句老實話推出的大才。馬周在前是個不幸的人，由不幸而有幸，一是自己確有才能，二是上天賜給了機會，三是遇合了識才的英主。如果馬周在魏晉時期，是不可能擢升的。魏晉時代的「九品中正制」是保證世族特權的官吏選拔制度，各州郡的中正官，實際均由世族豪門擔任，因而形成了「上品無寒門，下品無世族」的門閥制度。在這種制度下，馬周又怎能「入彀」呢？即使不是「門閥」時代，如果馬周不能遇合一位有卓識的君主，也祇好埋沒草野了。唐太宗對寒門庶族的有識之士，都能接納和提拔，予以重用。如房玄齡、張亮、侯君集、王珪、韋挺、魏徵、劉洎、戴冑、張玄素等。馬周一介落魄寒士，既無裙帶可攀，又無蔭恩可庇，而位列卿相，太宗用人的原則是值得推崇的。當然重用庶族，並不排擠士族。像崔敦禮、盧承慶、李玄道等士族官員，能擔負重任的，太宗也一一重用。唐太宗唯才是舉，不講門第，拔人才於草野之中，確實難能可貴，眞不愧爲一代曠世聖君。

二、不避親仇

唐太宗求賢若渴，但深忌一個「濫」字。其原則是「唯才是舉」，任人唯賢。不論其資歷深淺、地位高低、關係親疏和恩怨大小，都能兼收並用，充分發揮他們的才能。太宗人才來源的主要渠道就是「敵才我用」。有來自隋朝的舊臣，如屈突通、姚思廉、戴胄等；有來自割據勢力的部下，如尉遲敬德、李世勣、程知節、秦叔寶等。玄武門之變後，太宗不計較個人恩怨，採納尉遲敬德的建議，祇追究建成、元吉二兇，「自餘黨與，一無所問」（《資治通鑑》卷一百九十一），太宗對東宮集團數百人，都加以赦免，量才錄用。其中忠勇之將如馮立、謝叔方都是貞觀年間的邊防重臣，重要謀臣如魏徵、王珪、韋挺都是貞觀年間的名臣。太宗對自己的親信、舊屬，也不濫用，而是量才授職。眞正做到了「內舉不避親，外舉不避仇。」

貞觀初年，太宗就給大臣講了《左傳·襄公三年》中「祁奚薦賢」的故事：春秋時期，晉國的軍事長官中軍尉祁奚請求告老退休，晉悼公要他推薦繼承人，祁奚立即向悼公推薦了解狐。晉悼公聽了，十分驚訝，便問他：「解狐不是你的仇人嗎？」祁奚從容地回答說：「解狐雖然是我的仇人，但他胸藏韜略，才能出衆，能夠勝任這一職務，所以，我才推薦他。」解狐擔任中軍尉一職，果然幹得很出色。過了不久，解狐死了，晉悼公又要祁奚舉薦繼承人，祁奚立即推薦了自己的兒子祁午。晉悼公又大吃一驚說：「祁午不是你的兒子嗎？」祁奚坦然地說：「我很瞭解自己的兒子，他熟讀兵法，臨事果決，堪當此任。」悼公於是任命祁午爲中軍尉。這時，中軍尉的副手羊舌職死了，祁奚又推薦羊舌職的兒子羊舌赤擔任副中軍尉。祁午和羊舌赤一起統帥晉軍，使軍威大振，威振諸侯。君子都認爲祁奚不偏私，不結黨，是個極有道德的人。唐太宗極力讚揚祁奚「外舉不避仇，內舉不避親」的大公無私的品質，表明了自己用人的原則，並把他貫徹在自己的行動中。

魏徵、王珪、韋挺是東宮集團的重要謀臣，一時精英。唐太宗以寬厚的態度對待他們，爭取他們爲李唐王朝效力。他們都是貞觀年間的股肱大臣。魏徵一例尤爲典型。在高祖武德末年，他爲隱太子建成所信任，擔任洗馬的要職，是東宮集團的重要謀士。他深知太宗和建成之間的矛盾，又看到李世民軍事政治集團對李建成儲位構成的嚴重威脅，常爲建成出謀劃策，勸他早作打算，除掉李世民。玄武門事變後，建成被殺，魏徵被捕囚禁獄中，太宗知道魏徵是個奇才異士，不忍加害，把他傳入府中嚴厲斥責說：「你有意挑撥我們兄弟之間的關係，致使我們骨肉相殘，是何道理？」魏徵神情鎮定，毫無畏懼地說：「皇太子如果聽從我的話，一定不會有今日的災禍。」太宗被他鎮定自若的神態和坦率的言辭所打動，肅然起敬，格外敬重他，擢拔他擔任諫議大夫。一個是大唐賢明君王，一個是錚錚鐵骨的硬漢！忠臣遇賢君，他們的關係是那樣的契合，達到了親密無間的程度。太宗曾對魏徵說：「《左傳》中記載了管仲箭射齊桓公而齊桓公重用管仲的事。你的罪過比射中齊桓公帶鉤的管仲還大，我對你的信任都超過了齊桓公對管仲的信任，近代君臣之間相處，難道有像你我這樣融洽的嗎？」桓公不計恩仇而用管仲稱霸，太宗不計前嫌而用魏徵使貞觀大治，這種化解怨仇而施恩德的「敵才我用」之道，正體現了英主唐太宗思想的明智、襟懷的坦蕩和氣度的恢宏。這一點，他遠遠地超過了前代的帝王。唐太宗如果斤斤計較個人恩怨，不能包容萬物，能成就貞觀的宏圖偉業嗎？

魏徵爲了報答太宗的知遇之恩，竭盡智慧，發揮才能，治理國家，爲君效勞。特別是他敢於「犯顏直諫」，使太宗不做錯事，深得太宗的器重和信任。唐太宗曾把自己比作含有黃金的礦石，而把魏徵比作高明的工匠。礦石中的黃金，祇有透過冶煉才能去掉礦渣，得到黃金。所謂「帝者之臣，其名義是臣子，其實質是師傅；王者之臣，其名義是臣子，其實質是朋友；霸者之臣，其名義是臣子，其實質是僕從；危國之臣，其名義是臣子，其實質是奴隸。」太宗是何等的謙虛！對魏徵是何等的信賴！他確實是把魏徵當作帝王之師了。貞觀十二年（公元六三八年），在慶賀皇孫出世的宴會上，太宗高興地讚揚說：「貞觀以前，跟隨我平定天下，轉戰於艱難危險之中，房玄齡的功勞無人比倫。貞觀之後，對我竭忠盡智，進獻忠誠正直的言論，安定國家，有利百姓，使我成就今天的勛業，被四海稱頌，祇有魏徵罷了。」唐太宗「棄怨用才」，勝過了古今的帝王。

在削平群雄的年代，太宗就能釋怨用才，以德報怨。武德元年（公元六一八年），太宗奉命征討盤踞隴西的薛舉、薛仁杲父子，七月，唐軍大敗，損失慘重。十一月，逼降薛仁杲。李世民雖然深恨薛仁杲，但愛他武勇有智謀，決心留用。後來仁杲隨李世民回長安，李淵痛恨仁杲頑抗，殺傷唐軍將士甚多，將他囚禁治罪，世民竭力營救，沒有成功。仁杲被戮，世民痛心不已。王世充大將劉師立，殺傷唐軍甚多，被俘後當斬，李世民惜其才，任命他爲左親衛，在玄武門之變中立有大功。後鎮守邊陲，累立戰功。李世民寬容大度，胸懷坦蕩，唯才是舉的品德堪為後世楷模。

唐太宗任用賢才，「外舉不避仇」的高標風格，令歷代的君子所敬佩，而「內舉不避親」的公正品德，也為歷朝的史家所讚頌。太宗擢拔長孫無忌為司空一事猶為感人。長孫無忌，字輔機，河南洛陽人，出生貴胄世家。他是太宗長孫皇后的兄長。他「好學，該博文史，性通悟，有籌略」（《舊唐書·長孫無忌傳》），與太宗為布衣之交。義軍西進，秦王李世民巡行渭北，長孫無忌到長春宮拜謁李淵，後隨李世民削平群雄，奠定天下。玄武門事變，他是主謀之一，建立奇勛，所以位列「佐命元勛」。有大臣上密奏，提醒太宗，不要使無忌的權力太重，以免釀成外戚專權，擾亂朝綱的禍患。無忌也警惕自己，力戒滿盈，請求太宗不要讓自己過多的參與機密大事，或委以重任。長孫皇后也向太宗表明，不要讓兄長子侄布列朝廷，要以漢代諸呂亂政和霍氏專權為切骨之誡。皇后還請求不要讓無忌擔任宰相的官職，又讓無忌向太宗提出辭呈。主要是避免外戚專政，以免釀成滅族的禍患，但是，太宗惜其才行，於貞觀七年（公元六三三年），再次擢拔他為司空。長孫無忌擔心天下人議論太宗偏私，堅決推辭。太宗義正詞嚴地說：「吾為官擇人，唯才是與，苟或不才，雖親不用，襄邑王神符是也；如其有才，雖讎不棄，魏徵等是也。今日所舉，非私親也」（《資治通鑑》卷一百九十四）。太宗議論，至為公平，使朝官無不心悅誠服，交口稱讚。長孫無忌這才解除顧慮，欣然拜相。

自古以來，就有「一人飛升，仙及雞犬」的話，李世民登上皇位，他原來的部下都希望「叨光」、「沾譽」，這在一般人看來，似乎在情理之中。但太宗卻不顧私情，做到秉公辦事，因才授職。在對待新、老部下時，他說：「朕以天下為家，不能私於一物，惟有才行是任，豈以新舊為差？」（《貞觀政要．公平》）唐太宗不分親疏新舊，用人祇看才能品行的經驗是值得效法的。

三、重用夷將

除了選拔任用漢族文武賢才外，唐太宗最傑出的一點是沒有民族偏見，敢於選拔和任用少數民族中的人才，這種打破夷夏界限的舉措超越了古代的帝王，尤其難能可貴。阿史那杜爾是突厥大將，智勇雙全。貞觀十四年（公元六四〇年），授行軍總管，率軍征討高昌，「秋毫無所取」，太宗「美其廉」。貞觀二十一年（公元六四七年），任崑丘道行軍大總管，擊破處密，攻克龜茲，爲唐王朝開拓疆土，立功異域。契苾何力原爲鐵勒族酋長，貞觀六年（公元六三二年）內附，太宗見他有膽有識，忠勇可嘉，授左領軍將軍，次年，他率軍跟隨李靖參加平定吐谷渾的戰役，當時薛萬均、薛萬徹兄弟被圍，俱受重創，他率數百騎「縱橫奮擊」，使「賊兵披靡」，將萬均兄弟二人救出，又率千餘騎，馳奔突淪川，奇襲吐谷渾主帥軍帳，斬殺敵人幾千，擄其牲畜二十餘萬頭。貞觀十六年（公元六四二年），他回涼州探望母親，被舊部挾持至薛延陀部，何力「割左耳以明志」，誓不叛唐。太宗嘉其「心如鐵石」，拜他爲右驍衛大將軍。受到唐太宗重用的還有阿史那忠、李思摩、執失思力等人。唐太宗不僅執行漢夷「同爲一家」的民族政策，而且重用有才能的少數民族賢才，實乃高明之舉。貞觀二十一年（公元六四七年），他坐鎮翠微宮，總結貞觀之治的成功經驗時說：「自古皆貴中華，賤夷狄，朕獨愛之如一，故其種落皆依如父母」（《資治通鑑》卷一百九十八）。唐太宗去掉民族偏見，一視同仁地對待華夏各民族，一視同仁地選用華夏各民族的人才，乃是其成功的重要經驗之一。

鴻鵠衝天，必靠羽翼；舟檣渡海，必藉槳帆。帝王基業的深厚穩固，必須依靠賢才的匡輔。唐太宗猶如恆星坐鎮中天，將相猶如群星燦爛，圍拱四周。縱覽貞觀一代，可謂人才輩出，群賢薈萃。凌煙閣上的二十四位功臣是長孫無忌、李孝恭、杜如晦、魏徵、房玄齡、高士廉、尉遲敬德、李靖、蕭瑀、段志玄、劉弘基、屈突通、殷開山、柴紹、長孫順德、張亮、侯君集、張公謹、程知節、虞世南、劉政會、唐儉、李世勣、秦叔寶。此外，還有王珪、戴冑、馬周、劉洎、岑文本、褚遂良、姚思廉、陸明德、孔穎達、顏師古、歐陽詢、閻立德、閻立本、李大亮、李百藥等貞觀名臣。還有少數民族將領阿史那杜爾、契苾何力、阿史那忠、執失思力等人也躋身其間。貞觀年間，人才濟濟，是因爲太宗的胸懷寬闊，如宇宙能包容萬物，氣度恢宏，似東海能接納百川。貞觀年間，能取得舉世矚目的成功，難道能離開求賢用才的國策嗎？

廣開賢路

國君重視人才，選拔人才，就必須廣開賢路，即擴大選拔人才的渠道。若葉公好龍，天天高喊要重視、選拔人才，卻把接納人材的大門緊閉著，或把那接納人才的渠道堵塞著，那是永遠得不到人才的。貞觀年間，唐太宗和大臣們討論研究，較好地解決了這一重大問題。

一、薦才選官

唐太宗認爲，國君要治理好國家，使百姓安居樂業，首要的任務是「求訪賢哲」，任命官吏。他一登上帝位，就把求賢、選才、任官擺到議事日程上來。由於隋末大亂，德才之士大都「苟全性命於亂世」，隱退於荒山野嶺之間，不願意出來任職，官吏十分缺乏。爲了解決這一急迫的問題，唐太宗在貞觀元年採納吏部侍郎劉林甫的建議，改隋朝的冬季聽選爲「四時聽選」，又因「關中米貴」，路途遙遠，恐怕應選的人生活困難，委派官吏赴洛陽銓選，較好地解決了這個問題。

太宗又下詔求賢，責令衆大臣把舉薦賢才當作首要任務。可是過了很久，僕射封德彝沒推薦一個人，太宗當衆詰責他說：「我命你舉薦賢才，你到今天沒有舉薦一個人，這是什麼緣由？」封德彝見太宗臉帶慍色，連忙叩頭說：「陛下的命令，臣怎敢不盡心盡力去辦，祇是如今沒有發現奇才異士罷了。」太宗見他一副卑躬曲膝的模樣，又聽了他的一番搪塞之辭，心中大怒，也不顧他元老重臣的面子，針鋒相對地斥責說：「君子用人像使用器具一樣，各取他們的長處。古代那些使國家達到大治的賢人，難道還向不同的朝代去借人才來使用嗎？你應該擔心的是自己不能發現人才，怎麼能冤枉一世的人呢？」太宗一席話說得封德彝啞口無言，慚愧地退了下去。衆大臣見太宗震怒，求賢心切，於是紛紛舉薦賢才，形成了良好的風氣。太宗認爲「致安之本，唯在得人」，而得人「不借才於異代，皆取士於當時」（《貞觀政要·擇官》）。這種薦材的觀點十分正確，不僅識透了「廬山眞面目」，也抓住了求賢的關鍵。

貞觀三年（公元六二九年），房玄齡、杜如晦分別擔任左、右僕射，陷在繁忙的政務中，事無大小，都要親自過問，眞是日理萬機，不辭辛勞。太宗見了這種情況，沒有表彰他們，反而批評他們說：「你們身爲僕射，應當替我分擔憂愁勞苦，要『廣開耳目，求訪賢哲』。最近聽說你們聽取和接受訴訟的狀子，每天有數百件，這樣就是閱讀公文已經沒有閒暇，怎麼能幫助我求賢呢？」於是詔令尙書省，凡瑣碎事務，一律交給左右丞處理，祇有冤屈疑難的大案要案才報告僕射，讓僕射騰出更多的時間來考慮薦選人才的大事。

唐太宗憂慮治國，很重視重鎭和地方官的選拔，有時達到廢寢忘食的地步。如果沒有德才兼備的人任官，由於天高皇帝遠，有的都督可以割據一方，抗衡中央，成爲獨立的政權；有的刺吏可以蒙蔽君主，貪贓枉法，橫徵暴斂；有的縣令可以欺壓良善，魚肉百姓。貞觀二年，太宗對侍臣說：「我深居宮中，視聽不遠，每天想到百姓中間的事情，有時簡直夜不能寐，最擔心的是能否選拔合格的都督、刺史、縣令，讓他們擔負安撫百姓的重任。」唐太宗還將都督、刺史的姓名記在寢宮內的屏風上，又在名字的下面註明他們的品德、才幹、功過，每天都要看一看，就是躺在床上，如果想起了某位官員的功過，也要掌燈寫在屏風上。因為都督、刺史坐鎮一方，決定著居民的關係和社稷的安危，所以必須重視這些官員的選拔，選拔稱職的人。太宗對都督、刺史能做到瞭如指掌，使他們都能盡心盡力為百姓辦事。

直到貞觀十一年（公元六三七年），唐太宗還經常與大臣討論地方官的選拔問題。馬周說：「國君治理天下，要以百姓為根本。要想百姓安居樂業，在於選好刺史、縣令。縣令人數多，不可能盡皆賢良，如果每一個州能配備一位賢良的刺史，這個州的全境之內，百姓可以休養生息，經濟可以迅速復甦，百姓就可以無憂無慮，安居樂業了。如果刺史的選人都符合國君的心意，那麼國君就可以高座在朝廷上，垂拱而治了，」馬周認為不能輕視刺史、縣令的人選，要做到「皆妙選賢德」（《貞觀政要·擇官》）。太宗採納馬周的建議，決定刺史的人選，由自己選拔；縣令的人選，責令在京任職的五品以上官員各自推薦一人。

「宰相必起於州部，猛將必發於卒伍」（《韓非子》）。侍御史馬周建議，凡是擔任大將、丞相的人，一定要讓他們先作地方官。丞相、司徒、太尉可以從俸祿爲二千石的郡守中選拔。唐太宗完全贊同這一建議，他認爲不到基層去瞭解民間的疾苦，不到實際的工作中去磨練，沒有豐富的人生經驗，是不能擔當重要職務的。太宗自始自終重視地方官的選拔，確保了貞觀時代的繁榮，這是無可置疑的。

二、探索新路

唐太宗作爲一代英主，敏銳地感到，祇靠君主和大臣推薦選拔人才，是永遠不夠的。太宗與大臣決定建立、健全一套公平地選拔人才、培養人才的制度。他們將古代的各種尋求人才的方法加以透視比較，力求找到一種比較理想可行的方法。漢代主要實行「舉察制」，它是由上級選舉下級，下級向上級推薦人才相結合的一種制度，旨在推薦賢良方正（品德高尚的人）、孝廉（孝順父母，行爲廉潔的人）、秀才（有某種特殊才能的人）爲官。漢代確實舉薦了不少賢才，如前漢的賈誼、司馬相如、桑弘羊、公孫弘、後漢的馬融、李固、杜喬、陳蕃、李膺，但是，被地方長官推薦的人大都是親信朋友和達官貴人的子弟，寒門出身的人很少。特別是朝代的中後期，朝政腐敗，豪強大族把持權力形成門閥，壟斷選舉，完全堵塞了貧寒之士的出仕之路。被舉爲孝廉的，並不孝順；被舉爲秀才的，往往學識淺薄。如東漢後期就流傳著這樣一首歌謠：「舉秀才，不知書；察孝廉，父別居；寒素清白濁如泥；高低良將怯如雞。」漢代還推行過「徵辟」制，當時社會上盛行評論名士的風氣，凡受輿論讚揚的人，聲望越高，名氣就越大，也就越容易當官。朝廷和地方官就根據有鑒識者的「請議」或「月旦評」去直截招聘人才。但被評的人並不是都有眞才實學，大多不過是「貌厚飾詞」之徒而已。至於魏文帝創立的「九品中正制」，是以爭取世家大族的支持，從而確立和鞏固士族門閥政治特權的選官制度。魏晉以下，中正官均由士族豪門出身的人擔任，毫無「中正」可言。他們偏袒士族子弟，選舉祇重門第，寒門庶族的人才遭壓抑，被摧殘，祇能是埋沒草野，幽死林下。唐太宗思前想後，反覆斟酌，這些制度均已過時，弊端嚴重，不適用於當代。但他求才心切，就對侍臣說：「安定天下的君主，惟在得到賢才的使用，你們既然不知道賢才在何處，我又不能遍識天下的人，這樣日復一日，年復一年，沒有得到賢才的辦法，我想讓賢能之士自我推薦，不知衆卿以爲何如？」話剛落音，魏徵就率先反對說：「老子說過：『知人者智，自知者明。』瞭解別人既然是很難的事，有自知之明確更不容易。何況愚昧昏瞶的人，總是驕傲自大，喜歡誇耀自己的長處，如果讓他們自薦，恐怕會滋長浮薄競爭的風氣，怎麼能用自薦的方法求賢呢？」

太宗聽了魏徵的話，甚覺有理。然而治國安民，急需人才，究竟應該怎麼辦？太宗食不甘味，夜不安寢，猛然想起隋文帝首創分科考試，取士選官的科舉制度。他比魏晉以來實行的以門第高低爲標準的「九品中正制」取士方法要優越得多，爲具有眞才實學的寒門子弟進入官場，躋身上層集團洞開了方便之門。但隋朝科舉制度，實屬嘗試，規模較小，偶爾爲之。文帝時，祇設秀才、明經兩科。煬帝大業三年（公元六〇七年），曾以「孝悌有聞、德行敦厚、節義可稱、操履清潔、強毅正直、執憲不撓、學業優敏、文才美秀、才堪將略、膂力驍壯」十科舉人。煬帝時，已設「進士科」，並進行「試策」，即透過考試來選拔進士科的人才。這樣將「科舉」與「考試」聯繫起來，產生了科舉取士的制度。唐朝的一些大臣，就是隋朝科舉制選拔的人才。如杜正倫、岑文本中秀才科，孔穎達中明經科，楊纂中進士科。但隋朝三十年餘，舉秀才祇十餘人而已。

三、完善科舉

唐太宗根據李唐王朝選拔大量人才的需要，對隋朝的科舉制進行深入改革，使之發展，成爲一種固定不變的常制。

貞觀時代的科舉考試，一般分爲常制和制舉兩種。常科每年定期舉行，國子、太學的學生和各州縣的學生均可報考，非州縣學校的學生，經州縣學官考覈，也可報考。考中的均由吏部考覈錄用。制舉不定期舉行，是由皇帝下詔，命各州縣地方官推薦賢才入京，由吏部和皇帝親自考試，錄取的量才授職。如貞觀十一年，「詔河北、淮南，舉考悌淳篤，兼閒時務；儒術皆通，可爲師範；文辭秀美，才堪著述；明識政體，可委字人；並志行修立，爲鄉里所推者，給傳詣洛陽宮」（《舊唐書·太宗本紀》）。這種制舉是將推薦和考試融爲一體的求才制度。舉行制舉考試，非常隆重，但次數不多，影響遠不如常科。

據《通典》卷十五記載：「唐代科舉，多循隋制，其常貢之科，有秀才，有明經，有進士，有明法，有書，有算。」一般的讀書人所參加的「唯明經、進士二科而已。」明經考貼經，主要是背誦儒家經典，測驗其能否記憶。進士除考貼經外，還要考試詩賦、文章、策試，是比較全面而實用的人才。貞觀以下，進士科尤爲吃香。無論寒門子第還是豪族子弟，一旦考中進士，就會光耀門楣，仕途顯達；如果未中進士，即使擔任宰相的官職，也常常抱憾終身。在唐代，要想考中進士，非常困難。民諺說：「三十老明經，五十少進士」（《唐摭言》卷一。）晚唐詩人趙瑕寫詩道：「太宗皇帝眞長策，賺取英雄盡白頭。」可見考中進士，要付出多少的艱辛，要花費多大的代價！唐太宗以科舉取士的人才政策，抑制了士族憑藉世澤取官的特權，爲庶族寒門出身的賢才開闢了一條出仕報國的道路。唐太宗對科舉制的推行非常欣賞。據《唐摭言·述進士》載：有一天，太宗微服駕臨宮殿南面的正門，目睹許多新考中的進士聯綴而來，魚貫而入，興奮地對侍從說：「天下英雄入吾彀中矣！」「入彀」本意是說進入弓箭的射程之內，這裡喻爲受寵絡、就範的意思。其意謂「天下英雄透過科舉考試，都掌握在我手心裡了。」科舉制的推行，一方面爲朝廷羅致了大量有用的人材，有利於鞏固自己的統治地位，這就是「入彀」的意思；另一方面，科舉是榮華富貴的誘餌，是消磨精力的礪石，是耗費心血的漏巵，使聰明的才智之士畢生沉迷於鑽研儒家經典和探討治國安邦策略之中，那裡還有精力去反對朝廷，危害皇權呢？這就是趙瑕所說的使讀書人窮經皓首的「眞長策」。唐太宗眞不愧爲寵絡人才、駕馭人才的聖明英主，他將隋朝的科舉規範化、程序化、制度化，無疑是對中國古代社會選拔人才、治國安邦的巨大貢獻。

另外，爲了緩和貴族集團內部的矛盾，酬謝開國功臣，唐太宗在推行科舉制的同時，也輔以「恩蔭」。也就是說貴族官僚子弟也可以憑藉祖、父輩的官爵享有做官的特權。「恩蔭」雖然是腐朽的任官制度，但對功臣名將還是可以使用的。不過在任用時要量才使用，平庸者授官而不任實職，或者授虛職，閒職而無實權，祇保證他們的物質待遇和享受，限制他們濫用職權。確實有眞才實學的，可以大膽起用，逐步擢升，發揮他們的才能，爲朝廷效力。

總之，唐太宗重視薦才選官，廣開賢路，把任賢用才當作治國安邦的重大舉措，放在日常工作的首位，這是完全正確的。他改進和完善科舉制，並且把他納入法制的軌道，是值得稱頌、肯定的。他廣泛羅致人才、儲備人才，猶如今日之建立「人才庫」，是值得借鑒的。

選賢任能

治國之道，重在舉用賢才。大凡君主得到賢才的輔佐，名聲就顯赫，國家就安定強大；君主失去賢才的輔佐，名聲就掃地，國家就混亂衰敗。縱觀歷史，成湯得伊摯，逐桀梟於南巢；姬昌得姜尙，鳴鳳凰於岐山；高祖有「三傑」，興隆漢室；魏武任群賢，統一北方。唐太宗在貞觀年間，能吸取歷朝的經驗教訓，任賢使能，治理國家，敎化百姓，使天下大治，民風淳厚。

唐太宗善於鑒別人才，明確百官職責，對忠奸、賢愚、善惡、眞假具有很強的識別能力。他設立百官，善「控其轡」，做到無爲而治。這個「轡」就是「正名審分」，即依照衆官的實際審查名稱，以求得眞情；區別衆官的職分，考察他們是否有悖逆的言行。這就要量才授職，各司其職，做到大才大用，小才小用，沒有超越混亂的現象。太宗在設官分職，審賢擇才的吏治中，留下了許多任賢使能的佳話。

一、務必精簡

唐太宗強調官員的選用不在多而在賢。貞觀初年，他對房玄齡說：「使國家達到治理的根本，祇在於精簡。衡量人的才能的高下授與適當的官職，務必減少職官的定員。所以《尚書》說：『任用職官，惟在選用賢才。』又說『官員不一定要齊備，要緊的是在於任用有德行的人。』若能得到賢能之士，人數雖少，也足夠了。那些不學無術的，縱然多，又有什麼用？古人也把選官得不到適當的人，比爲『畫地作餠，不可食也』」（《貞觀政要·擇官》）。他希望房玄齡認眞思考其中的道理，衡量決定官員的多少。

太宗談了一個深刻的問題。機構臃腫，官僚隊伍龐大，那麼運行機制的效能反而會越來越笨拙、緩慢，甚至僵化。「三個和尚沒水吃」的冗官現象，歷朝都有，祇有輕重之分而已。漢代就有「灶下養，中郎將；爛羊胃，騎都尉；爛羊頭，關內侯」的民謠。太宗對前朝的冗官現象和武德年間賜爵太濫的現象是有所警惕的。他還引《詩經》說：「謀劃事情人雖多，議來議去不成功。」又引《史記·商君列傳》說：「一千張羊皮的價值，不如一隻狐狸腋下的皮毛昂貴。」所以說精簡機構，裁汰冗員，任用德才兼備的人才，使他們各自承擔所任的職務，就可以做到無爲而治了。

房玄齡按照太宗的旨意，根據實際需要，設置文武官員總共六百四十三人。太宗同意這一方案，並指出如有樂工及從事其他雜務的人，技藝超過同類的，祇能多給錢帛，不能「超受官爵」，與朝廷上的賢良君子「比肩而立，同坐而食」（《貞觀政要·擇官》）。如果讓倡優、狎客、伶人、醫匠立於朝廷，危害社稷，君子就要退避了。

二、君臣契合

唐太宗選官擇人，能做到知人善任，首先要弄清君臣的關係，魏徵說得好：「國君是人的首腦，臣子便是四肢，首腦與四肢協調一致，就形成一個完整的身體。作爲一個整體，倘若有的器官不俱備，就不會成爲一個完整的人。」太宗認爲他說得很對。魏徵又引孟子的話說：「君視臣如手足，臣視君如心腹；君視臣如犬馬，臣視君如國人；君視臣如糞土，臣視君如寇仇。」袁紹無恩無禮，把臣下當奴隸，視忠言如寇仇，臣下怎能爲他盡忠殉節呢？曹操知人善任，但喜用詐術，又頤指氣使，把臣下當僕從，臣下怎能爲他竭智盡力呢？孫權禮賢下士，把魯肅、周瑜當朋友，傾心結交，臣下怎能不盡職盡責呢？劉備對諸葛眞誠有禮，把諸葛亮當老師，臣下怎能不「鞠躬盡瘁，死而後已」呢？唐太宗對所信用的大臣，十分尊重、親近。起義兵時，他就對劉文靜執以師禮，做了皇帝仍然謙虛下人，尊重賢臣。在平居時，對名將李靖總以兄長相稱，對直臣魏徵說話，從不用「朕」，自稱「世民」，因此天下的臣民都很聽從他。貞觀年間，太宗與群臣水乳交融，誠心相待，留下了不少感人肺腑的佳話：如唐太宗「四請馬周」，爲魏徵「撤殿營居」，爲李世勣「剪鬚和藥」，爲李思摩「取矢吮血」，爲蕭瑀「題詩獎挹」，無不令人感奮，催人淚下。

還有一個君臣互相尊重、互相信任的問題。太宗認爲君主信任臣子，臣子就能同心同德，報答知遇之恩；君主猜忌臣子，臣子就會離心離德，不會竭忠盡智，報效國家。主管國家重要部門的大臣和封疆大吏及各州刺史都是選拔出來的賢才，地位重要，責任重大。國君對他們應器重愛惜，不糾纏他們舊時的過錯，不追查他們的小節，不給奸佞小人順從旨意、窺測方向、毀謗大臣的機會，不給刀筆小吏舞文弄墨、玩弄法律、歪曲事實、羅織大臣罪名的空隙，使得「君臣契合，寄同魚水。」唐太宗之於群臣，猶如舜之於稷、契、益、皋陶，西伯之於子牙、太顛、閎夭、散宜生，劉邦之於蕭何、張良、曹參，劉秀之於鄧禹、馮異、耿弇，無不在於去猜忌，存信賴，知人善任。

三、知人善任

善任才能使賢才各得其所，而知人則是善任的先決條件。魏徵對唐太宗說：「知臣莫若君，知子莫若父。父不能知其子，則無以睦一家，君不能知其臣，則無以齊萬國」（《貞觀政要·擇官》）。他要求唐太宗把「知臣」提高到「齊家、治國、平天下」的高度來認識。祇有「知」，才能瞭解臣下的道德和才能；

祇有「知」，才能瞭解他們的優點和缺點，如此才能做到「量才授職」、「各取所長」。

太宗很注意考察群臣的才德，將朝廷大臣和各州刺史的優、缺點記在心中，做到瞭如指掌。太宗經常與大臣一起評論朝臣，做到「知無不言，言無不盡。」貞觀四年（公元六三〇年）冬，在宴會上，他讓精明通達、鑒識過人的侍中王珪評論衆朝臣。王珪中肯地說：「孜孜不倦，勤勉國事，知無不辦，我不如玄齡。文才武略兼備，出朝爲將，入朝爲相，我不如李靖。陳事詳明，上傳下達，堅持公允，我不如溫彥博。事務繁雜，認眞處理興辦，我不如戴胄。以國君不及堯舜爲恥，把諫諍當作己任，我不如魏徵。至於蕩滌污濁，表彰淸廉，痛恨邪惡，喜好善良，我比他們稍微強一點。」太宗認爲他評論得很對。他自己也親自對朝臣進行品評。貞觀十八年（公元六四四年）夏，唐太宗向長孫無忌等徵求意見，無不歌功頌德。太宗大失所望，便藉機評論群臣：「長孫無忌善避嫌疑，遇事反應敏捷迅速，能夠決斷處理，但率兵打仗，卻不是他的長處；高士廉涉獵古今典籍，思想明白，通達事理，臨難不改氣節，爲官不結黨營私，但缺少的是鯁直極諫的品格；唐儉能言善辯，口才敏捷，善於協和人的矛盾，調解人的糾紛，跟隨我三十年，始終沒有進諫的諍言；楊師道性行純和，自己從不犯過失，但內心實在膽小怯懦，不論事緩事急都拿不定主意，難以用力。」其他如岑文本的「敦厚」和「文章華贍」，劉洎的「堅貞」和「尙然諾」，馬周的「敏速」和「貞正」，褚遂良的「堅正」和「忠誠」，都評論得十分中肯。太宗「知人」，眞正做到了瞭如指掌。他的品評全面而公正，指出了他們各自的優劣，讓其發揚優點，改正缺點，同時也爲合理使用人才提供了依據。太宗對將帥的評價也十分中肯。他對侍臣說：「現在的名將，祇有李世勣、李道宗、薛萬徹三人而已。世勣、道宗精通謀略，用兵謹愼，不能大勝，也不會大敗；萬徹打仗，勇勝於謀，不是大勝，就是大敗。」這一評價，道出了他們的長處和短處，也很公允。太宗對朝廷大臣、封疆大吏和各州刺史的性格、志趣、愛好、才智、功過都很瞭解，心中有數，確實是「知人」的明君。

唐太宗用人猶如「巧匠之製木，直者以爲轅，曲者以爲輪，長者以爲棟樑，短者以爲拱角」（《帝範·審官》），無論木材曲直長短，都各有各的用處。他主張任用官吏也應該如此。智慧超群的人，採用他的謀略；魯鈍樸實的人，使用他的氣力；驍勇剛猛的人，取用他的聲威來震懾敵人；膽小怯弱的人，利用他的謹愼來處理機務。無論是智愚勇怯的人，都各有所長，應取其所長，兼而用之。唐太宗認爲大材應該大用，小材應該小用，授職必須按其智謀高低、能力大小來決定。他打了個生動的比喻：「烹煮牛肉的大鼎，就不能用來煎炒小雞；捕鼠的貍狌，不能用來與猛獸搏鬥；衹能盛三十斤水的容器，不能用來容納江海的流水；裝載百石糧食的大車，不能衹載斗筲的粟稷。」太宗能量才授職，讓他們各得其所，各顯其才，用權行事，使他們成績卓然，各稱其職。

唐太宗和他的謀略重臣，每遇大事總是推心置腹，共濟事業。貞觀之前，任用善於「籌謀帷幄」的房玄齡和「剖斷如流」的杜如晦等謀臣，剷平群雄，開創了李唐江山。任用驍勇善戰的尉遲敬德、程知節、秦叔寶、段志玄陷陣破敵，斬將搴旗，取得了統一中原的勝利。又依靠他們奪取了「玄武門之變」的勝利。貞觀期間，任用魏徵、王珪等忠謇之臣「犯顏直諫」，使太宗能隨時糾正錯誤，終成一代聖君；任用「才兼文武」的李靖和精通將略的李世勣北討西征，開疆拓土，保衛了邊境的安寧；任用郭孝恪、張儉等爲邊陲重鎭大吏，能安撫夷狄，使四方綏靖。其他如戴胄不通經史，但敢於犯顏執法，治訟清明，太宗任命他擔任大理少卿；李大亮「有文武才幹」，治邊頗有方略，任命他爲西北道安撫大使；岑文本「諳諫時事，長於文法」，任命他爲中書侍郎，專典機密。太宗知人善任的事例，眞是不勝枚舉。太宗之所以夷滅群雄，縱橫天下，並在登基後取得貞觀大治的卓然成績，全是依賴這些人的文治武功。

唐太宗還提出了「不以一惡忘其善，勿以小瑕掩其功」（《帝範·審官》）的用人觀點。大凡人才並不是十全十美的，即使是奇才異士，立有大功，也難免犯一些錯誤。國君要善於抓主流，棄支流，做到賞罰分明。如果反其道而行之，祇抓支流，不抓主流，否定臣下的功勛，揪住細錯小過錯不放，就會使臣下畏君如虎，顫顫驚驚，如臨深淵，如履薄冰，或者使臣下心寒意冷，不爲所用，那麼對社稷的危害就大了。唐太宗能抓住臣下的主流，肯定他們的功勛，不計較他們的過失，因而贏得了他們的擁戴，使他們爲社稷效力，爲自己盡忠。房玄齡、魏徵、溫彥博是朝廷重臣，「嘗有微過」，蕭瑀彈劾他們，太宗竟然不問，並批評蕭瑀「守道耿介」而「善惡太明」（《舊唐書·蕭瑀傳》）。李靖征討東突厥，建立蓋世大功，蕭瑀彈劾李靖說：「李靖攻破頡利軍帳，統禦軍隊沒有法度，突厥的珍奇寶物被將士擄掠得一乾二淨，請交給司法部門審訊。」太宗特下詔不准彈劾，一面嚴厲責備他的過錯，一面又對他大加賞賜說：「隋史萬歲破達頭可汗，有功不賞，以罪致戮，朕則不然，錄公之功，赦公之罪」（《資治通鑑》卷一百九十三）。侯君集平定高昌，私下攫取大量珍寶，將士知道後，爭著竊取，侯君集不能禁止，被有司劾奏下獄問罪。岑文本上奏說這樣處理，恐怕天下百姓「疑陛下唯錄其過而遺其功」，並指出「苟能克敵，雖貪可賞；若其敗績，雖廉可誅。」希望太宗「錄其微勞，忘其大過，使君集重升朝列，復備驅馳」（《資治通鑑》卷一百九十五）。太宗採納岑文本的意見，終於釋放君集。又有人告發薛萬均私通高昌婦女，萬均不服，太宗命大理寺出高昌婦女與薛萬均對質。魏徵以「秦穆飲盜馬之士，楚莊赦絕纓之罪」（《資治通鑑》卷一百九十五）進言，太宗也立即釋放了萬均。太宗「委大臣以大禮」，不求細過，是值得稱道的。這也體現了唐太宗靈活善任的用人藝術。

四、鑒才法則

唐太宗一生「孜孜求士，務在擇官」（《貞觀政要·政體》）。他對官員的選拔，力求做到「才行兼俱」，要求他們有德義的聲譽，有清愼的美名；公平無私值得稱讚，勤謹不懈值得褒美。擇官必知人，知人才善任。那麼怎樣才能「知人」呢？有沒有一定的圭臬準則呢？《貞觀政要·擇官》作了明確的闡述：魏徵首先提出了「六觀」。所謂「六觀」就是六種觀察審度人的秘訣：其一，「貴觀其所舉」，即職高位顯的大臣，看他推薦什麼人，就可知他的德行。其二，「富則觀其養」，即富貴之後的人，要看他養著什麼人，若姬妾成群，豪奴爪牙多，則是個不仁不義之徒。第三，「居則觀其所好」，即平常生活中，要觀察他的愛好，若喜愛聲色犬馬，則是個翫物喪志的人。第四，「習則觀其所言」，就是學習時，要觀察他的言論，誇誇其談，舉止輕浮，則是個華而不實的人。第五，「窮則觀其所不受」，貧困的人，要觀察他是不是輕易接受別人的饋贈，若不吃「嗟來之食」，便是有骨氣的人。第六，「賤則觀其所爲」，地位卑賤的人，要觀察他的作爲，若不安分守己，爲非作歹，就是個不奉公守法，甚至犯上作亂的人。據此，然後審查他們的才能選擇任用，做到揚長避短。

魏徵繼「六觀」之後，又根據漢代劉向《說苑》中提到的作爲朝廷鑒別忠奸、選用官員的圭臬，提出了條款具體、內容彰明、便於鑒裁、深受太宗「嘉納」的「六正」和「六邪」。

所謂「六正」：一是事情的苗頭還未萌生，形體的先兆還未出現，就獨自清楚地看到存亡的徵兆，得失的機要，預先把禍患消滅在未形成之前，使國君高立於顯榮的地位，這就是聖臣。二是竭心盡力操勞國事，天天進獻善言，用禮義勸勉國君，以良策告訴國君，國君做好事就順勢助成，做壞事就及時匡救，這就是良臣。三是早起晚睡，舉薦賢才不懈怠，經常稱頌古代先賢的善行來激勵國君的意志，像這樣的便是忠臣。四是能明察事業的成敗，事先防備並設法補救，堵塞裂隙，斷絕禍源，轉禍爲福，使國君始終無憂無慮，像這樣的便是智臣。五是奉守典章法度，任官辦事，不接受饋贈，不追求俸祿，辭讓賞賜，節儉飲食，這樣的是貞廉之臣。六是君主昏庸，國家混亂，不做阿諛奉承的事，敢於冒犯君主的嚴厲怒色，當面議論君主的過失，這樣的是剛直之臣。以上六條，第一條兼言德才，第四條專言才智，其餘四條主言德行。

所謂「六邪」：一是安於作官，貪圖俸祿，不務公事，隨波逐流，遇事左右觀望，毫無主見，像這樣的是充數的臣子。二是國君所說的都說「好」，國君所做的都說「行」，暗中尋求國君喜愛的東西進獻來使國君耳目快悅，用虛情假意來迎合國君，與國君一同作樂，不顧利害，像這樣的是諂諛的臣子。三是內心險惡，外貌謹慎，巧言令色，妒嫉賢能，想舉薦誰，就大肆宣揚他的優點，隱瞞他的短處；想排斥誰，就大肆張揚他的過錯，隱瞞他的優點，使國君賞罰不當，號令不能執行，這樣的人就是奸臣。四是狡黠足以掩飾錯誤，詭辯足以游說動人，在內離間骨肉之親的關係，在外造成朝廷的禍亂，這樣的人就是讒佞之臣。五是秉權專橫，顚倒是非，私門結黨，使自己富裕，擅自僞造聖旨，使自己顯貴，這是叛逆之臣。六是用佞言邪說哄騙國君，使國君陷於不義，私結朋黨，狼狽爲奸，蒙蔽國君，使國君不分黑白，不辨是非，使國君的惡名流傳四境，鄰國都能聽到，這是亡國之臣。以上六條，專言品德卑劣頗具歪才的人。

唐太宗將「六觀」和「六正」、「六邪」結合起來，選官要求「才行俱兼」，而把道德品行放在第一位，才幹放在第二位，是完全正確的。用這種辦法辨識正邪，去邪用正，是很有效的。貞觀年間，太宗任官授職，必爲「六正」之臣；貶官黜吏，必爲「六邪」之人。唐太宗對魏徵說：「爲官擇人，不可造次。用一君子，則君子皆至；用一小人，則小人競進」（《資治通鑑》卷一百九十四）。國家宏偉目標的實現，國君大政方針的實施，都要靠衆多的官員去執行。品德端正、才能卓異的官員會一絲不苟，秉公辦事，迅速而效果良好；品行端正、才能平庸的官員執行不會走樣，祇是緩慢些；而品德敗壞具有歪才的官員會爲一己私利而抵制、歪曲，甚至篡改大政方針，把事情辦壞。

五、進賢去小

太宗繼承大統後，就著手整頓原有宰相班子，選拔「才行俱兼」之士任職。房玄齡、杜如晦、溫彥博、王珪、魏徵都先後被擢拔上來；而將在武德年間位高權重，擾亂朝綱，公行貨賂，誣陷功臣劉文靜的裴寂淘汰，趕出朝廷。

唐太宗對虞世南的重用，便是以「六正」觀察擢拔人才的典型範例。虞世南容貌文雅，身體瘦羸，弱不勝衣，但他意志堅定，秉性剛直忠烈，善論治國之道，喜誦規諫之言，人品、學問俱佳。太宗稱讚他有「五善」：一是德行端正，二是忠心正直，三是學問淵博，四是文章雋美，五是書法超群。虞世南死後，太宗深情地說：「虞世南於我，猶一體也。拾遺補闕（補救缺漏），無日暫忘，實當世名臣，人倫準的」（《舊唐書·虞世南傳》）。太宗還把自己與虞世南的君臣之誼比爲鐘子期和俞伯牙的知音關係，更是難得。

太宗不僅選拔當朝的賢士爲官，還盡力擢拔前朝的忠正之士任職。晉陵人劉子翼在隋朝擔任秘書監，才學高、品德好、性格剛強正直，朋友犯有過失，常能當面責備指正，即使是別人咒罵他，也能忍讓寬容，毫無恨心。太宗知道後，連忙下詔徵聘他入朝擔任官職。他還要大臣推薦梁、陳兩朝名臣的後代。陳朝忠臣尙書僕射袁憲的兒子袁承序繼承名臣家風，爲官淸廉，節操雅正，岑文本推薦他入朝，後輔佐高宗李治，官至吏部尙書，竭忠盡智，選拔了不少人才。

太宗對於「六邪」無不貶黜。京兆武功人蘇威，隋文帝時，官至右僕射，進位大將軍。煬帝即位加上大將軍，與宇文述、裴矩、裴蘊、虞世基共稱爲「五貴」。隋亡，蘇威歸附叛逆宇文化，及任光祿大夫，開府儀同三司。宇文化及失敗，他又歸順李密。李密失敗，他歸附越王楊侗，被封爲上柱國，伾公。王世充篡位，僭號稱帝，他又投靠王世充，被封爲太師。李世民平定王世充，率軍入洛陽，坐於東都閶闔門內，蘇威要求晉謁秦王。秦王李世民派人痛斥他說：「公隋朝宰輔，政亂不能匡救，遂令品物塗炭，君弒國亡，見李密、王世充皆拜伏舞蹈。今既老病，無勞相見也」（《隋書‧蘇威傳》）。李世民鄙視他沒有節操，不知廉恥，不知榮辱，是一個追逐名利、朝秦暮楚、反覆無常的小人，是一個道道地地的亡國之臣，所以堅決不予任用。

裴虔通在辰州擔任刺史，原來他是隋煬帝的親信。宇文化及在江都發動兵變，裴虔通挾持煬帝，並把煬帝交給宇文化及，又當面親手殺死煬帝的愛子楊杲。貞觀二年，太宗知道了這件事，他認爲裴虔通的行爲與趙高之殺秦二世、董卓之誅弘農如出一轍，大喪人倫君臣之道，是一個賣主求榮、投機取巧、犯上作亂的奸臣。太宗對群臣說：「君雖不君，臣不可以不臣，裴虔通，煬帝舊左右也。而親爲亂首，朕方崇獎敬義，豈可猶使宰民訓俗？」（《舊唐書・太宗紀》）這意謂像裴虔通這樣的亂臣賊子，怎能管理百姓而引導他們向義趨善呢？太宗立即下令將他「除名削爵」，遷配到驩州去。同時又將宇文化及的奸黨，萊州刺史牛方裕、絳州刺史薛世良、廣州都督府長史唐奉義、隋武牙郎將高元禮，按處理裴虔通辦法，除名並發配流放嶺南。

誠信寬宏

「誠信」是做人的原則，也是立國的根本。臣民誠信，則可以建功立業；國君誠信，則可換來臣民的忠貞。「誠」是君臣間感情的潤滑劑，能改善融洽君臣的關係；「誠」也是君臣感情的黏合劑，能彌補嫌隙，使之親密無間，融爲一體。從某種意義上講，君主的誠信尤爲重要。君主「疑心生暗鬼」怎麼能與臣下精誠合作，去實現遠大的目標呢？君主除了「誠信」之外，還要有恢宏的氣度，祇有容納天下的人才能爲天下人所容納。倘若心地狹窄，剛愎自用，眼睛裡容不下半點灰塵，豈不要拒臣民於千里之外，使自己陷於孤立無援的境地！

一、誠信可貴

魏徵在論述君臣關係時留下了這樣的名言：「君之所保，惟在於誠信。誠信立，則下無二心；德禮成，則遠人斯格（使遠方的人歸正）。」「上不信則無以使下，下不信則無以事上，信之爲大道矣！」（《貞觀政要，誠信》）「信」是大道，是治國的經驗。唐太宗很讚賞魏徵的意見，他認爲隋煬帝猜忌臣下，是隋滅亡的重要原因，所以他事事以誠信對待臣下，用人不疑，使臣下無不感恩圖報，竭盡忠心。

貞觀初年，有人向太宗上疏，請廢棄邪佞的人。太宗親自召見他說：「我所任命的大臣，都是賢人，你知道邪佞的人是誰？」那個人回答說：「我居住民間，當然不知道誰是邪佞的人，但我有絕妙的方法，可以檢驗誰是忠臣，誰是奸臣。」太宗問：「什麼方法？」那人回答說：「在朝廷討論國家大事時，請陛下故意堅持錯誤的觀點，並趁機大發雷霆。在這種情況下，如果能夠不懼龍顏盛怒，堅持眞理，直言進諫的，就是忠臣；反之，畏懼龍顏盛怒，迎合陛下心理，順從旨意的，就是奸臣。」太宗聽了他的話，當著封德彝的面對他說：「流水有清有濁，取決於它的水源如何。君主發布的政令好比源頭，百姓好比流水。源泉渾濁，流水怎麼會晶瑩清徹？國君欺詐，臣下怎麼會正直誠信？魏武帝曹操專用權術，欺騙臣下，我鄙視他的爲人。如果我也用欺詐的方法試探群臣，怎麼能夠作爲實行教化的方法呢？」唐太宗認爲「君信則臣忠」，君主欺騙臣民是不道德的行爲，講信義，不欺詐，是實行教化的最好方法，於是對獻計的人說：「你的方法雖然很好，但我絕不採用。」

歷史上該有多少國君不講誠信而導致國敗身亡啊！教訓是深刻的，據《左傳·莊公八年》載：齊襄公姜諸兒荒淫無道，害怕周天子討伐，就命令大將連稱、管至父率兵戎守葵丘。臨行約定，次年收瓜的季節，派人換二人回京，可是到了期限，襄公沉醉於淫樂，不守信義，拒絕換防。連稱、管至父串通連妃，勾結公孫無知（襄公堂弟），發動叛亂，趁襄公畋獵於貝丘時，將襄公殺死。君臣應該是魚水的關係，連稱、管至父弒君，是不忠不義之徒，而齊襄公對臣下毫無眞情實義，自食其言而招來禍患，下場是多麼可悲啊！所以，君主應該把誠信放在第一位，對臣下要做到一言既出，駟馬難追；頒布政令，不能失信於民；即使是對於敵人，也要講信義。

二、君信臣忠

唐太宗以誠待下，主要表現在雅量寬宏，信用原來敵對集團中的賢才。太宗剛剛即位，建成、元吉的黨羽逃匿四方，若不採取招撫的措施，就會在各處作亂，釀成禍患。太宗就派前太子洗馬魏徵前去殺山以東撫慰，赦免他們的罪過。唐太宗對魏徵信用不疑，使魏徵深受感動。魏徵在撫慰時，不避嫌疑，他一方面宣揚太宗的威德，一面將前太子千牛李志安和齊王護軍李思行等人一律赦免釋放。並且說：「吾不可以顧身嫌，不爲國慮，且既蒙國士之遇，敢不以國士報之乎？」（《資治通鑑》卷一百九十一）誠信，可以喚起人的忠貞良知，所謂「士爲知己者死」的意義就在於此。

尉遲敬德，原是割據勢力劉武周手下的驍將，在柏壁大戰時，敬德與尋相率八千人舉介休和永安歸唐。李世民東征洛陽時，尋相等人聯絡劉武周舊部起兵反唐，投奔王世充。這時諸將都懷疑尉遲敬德與尋相有密謀，竟然將尉遲敬德囚禁軍中，準備將他殺死，以除後患。李世民聽說此事，急忙趕來制止他們的魯莽行動，並質問他們：「敬德謀反，證據何在？」衆將認爲敬德與尋相一同歸唐，現在尋相已經叛變，投靠王世充，因此懷疑敬德是同謀，所以將他拘禁軍中。唐太宗嚴厲批評他們僅憑懷疑就抓人的錯誤作法，要他們立即釋放尉遲敬德，並向他賠罪。屈突通、殷開山卻說：「敬德剛剛歸唐不久，心思未定，這個人驍勇善戰，衆人莫敵，現在已經囚禁很久，既然受到猜忌，必有怨恨之心，若留在軍中，恐貽後患，還是殺掉爲好。」李世民反駁他們說：「敬德如果懷有反叛之計，怎麼不和尋相一起行動，卻要在尋相之後呢？你們隨便殺掉他，難道不令忠貞之士寒心？這不是堵塞賢士歸唐之路嗎？」李世民立即下令釋放尉遲敬德，並引入臥室，贈金一錠，賠禮道歉，與他傾心交談說：「大丈夫胸襟開闊，彼此間應意氣相待，對剛才的小嫌隙，不要介意，我終不會聽信讒言，誣陷忠良，你應該體諒這一點。倘若你一定要離開，這一錠金子可權作路費，姑且表示袍澤之誼。」敬德聽完一席話，禁不住熱淚盈眶，跪在地上叩首說：「大王如此對待敬德，敬德不是木石，豈能不講感情，我願肝腦塗地，以報大王知遇之恩。」此後，尉遲敬德忠心耿耿，成了李世民手下一員心腹大將。尉遲敬德在平定王世充的戰役和玄武門事變中都救過李世民的命。

貞觀年間，有人在太宗面前誣告尉遲敬德有圖謀不軌之心，太宗直截問敬德：「有人說你謀反，這究竟是爲什麼呢？」尉遲敬德連忙回答說：「我跟隨陛下征討四方，身經百戰，九死一生。今天能活著的，都是鋒刃利鏃中滾過來的，天下已經太平，難道還要懷疑我造反嗎？」於是脫下衣服，露出滿身傷疤。太宗看著他滿身傷疤，潸然淚下，連忙說：「愛卿，快穿上衣服，我是不會猜忌你的，希望你提防點，免遭小人陷害。」敬德激動地說：「人言可畏，要不是陛下英明，我早就被誣陷而死！」太宗連忙解勸，使他平靜下來，相信太宗毫無猜忌之心。太宗爲了表達自己誠信對待敬德的心意，對尉遲敬德說：「我想把女兒嫁給你，不知你意下如何？」能娶皇帝的女兒爲妻，這是非常榮耀的事，但是尉遲敬德說：「我的結髮妻子，雖然鄙陋，但與臣下共甘苦，仍不失夫妻情分。我聽古人說：『富貴了不另娶妻子，這是仁德的表現。』我心中十分仰慕，希望陛下收回這個恩德。」敬德一邊叩頭，一邊堅決推辭。太宗聽了敬德這番話，更加信任和敬佩敬德。

唐太宗對少數民族將領，同樣能以誠相待，信用不疑。貞觀九年（公元六三五年），鐵勒族酋長契苾何力在征討吐谷渾的戰役中，功勛卓著，太宗十分信任，並將臨洮公主許配給他。貞觀十六年（公元六四二年），何力赴涼州探望母親，正值薛延陀部落強盛，何力的部落想叛唐歸附薛延陀，何力堅決反對，被舊部挾持到薛延陀部，他在薛延陀面前「箕踞而坐」，拔出佩刀，面向東方，大聲呼喊：「豈有大唐烈士，受辱蕃庭，天地日月，願知我心！」說完，又用佩刀割下自己的左耳來表明忠於大唐的志向，誓不可奪。薛延陀及部下將領無不為其浩然正氣動容。當時，紛紛謠傳何力叛唐，已依附延陀部，衹有太宗堅決不信，語氣肯定地說：「何力心如鐵石，一定不會背叛我。」唐太宗知道眞情後，悲痛流涕，對群臣說：「契苾何力究竟是怎樣的人，你們現在應該知道了吧！」於是連忙派兵部侍郎崔敦禮持節入延陀部，贖回何力。何力歸來，更受太宗信任，官拜右驍衛大將軍。太宗去逝，何力極為悲痛，要殺身殉葬，高宗堅決不同意，才強忍悲痛活下來。太宗誠信待下的事例很多，不勝枚舉。

由此可見，推心置腹，以誠信善待臣下，是國君應有的品質，是帝王的處世藝術，也是治國的基本原則。如果反其道而行之，如魏擊之疑吳起，田法章之疑田單，趙遷之疑李牧，司馬曜之疑謝安，慕容暐之疑慕容垂，隋文帝之疑高熲，沒有眞誠，沒有信任，沒有寬闊的胸襟，沒有容人的雅量，沒有恢宏的氣度，結果祇能是讒言乘隙，小人猖獗，大業遭毀，把大好的江山奉送給他人。

三、雅量寬弘

寬容是一種美德，君主有寬容臣民過失的氣度和雅量，避免亂殺無辜，更是一種美德。寬容是維護君主與臣民關係的紐帶。

太宗對大臣的過失，祇要不是原則問題，常能開脫寬恕。太宗擅長王羲之書法，尤其擅長「飛白書」。所謂「飛白」，是枯墨用筆的一種書法藝術，字體蒼勁挺拔，虛實相間，墨寫的筆劃中絲絲透白，故有此名。唐太宗的「飛白書」譽滿朝廷內外，堪稱上品。貞觀十七年（公元六四三年），太宗在玄武門宴請三品以上的大臣，大臣們請求太宗賞賜「飛白書」條幅。太宗乘著酒興，當場揮毫，賞賜群臣。衆臣也帶著酒意，忘了君臣的名分禮節，爭著搶奪「飛白書」。常侍劉洎素來疏狂，行動敏捷，竟然一步登上皇帝御座，從太宗手裡將「飛白書」搶在手中，高興得手舞足蹈，大笑不止。有幾位大臣十分清醒，見劉洎得意忘形，無視臣君禮節，便上奏太宗說：「洎登御床，罪當死，請付法」（《舊唐書·劉洎傳》）。劉洎一聽，頓時酒意也嚇醒了一半，方知闖下大禍，額上沁出一串串汗珠，連忙跪下叩頭，請太宗治罪。太宗見大臣們十分緊張，大笑著說：「衆愛卿，『昔聞婕妤辭輦，今見常侍登床。』禮法雖嚴，不加酒醉之人，劉愛卿愛朕書法，何罪之有？祇是不要傷了腳踝啊！」太宗幾句幽默的話，給後世留下了君臣和諧的佳話。

太宗對下級官員和百姓更是寬容大度。貞觀十六年（公元六四二年），太宗駕幸溫湯，在驪一帶圍獵。驪山設有專供皇帝圍獵的獵場，周圍築有高牆，防止他人進入。有一天，太宗來到獵場，登上山頂，極目遠眺，發現遠處有一段圍牆竟然倒塌，有數丈寬的缺口，便回頭對隨行侍衛說：「我看見圍牆倒塌，有缺口，這是獵場官員的失職，按律當斬！不治他的罪，就會墮壞法紀，但如果為這件事殺了他，那豈不是我登高臨下，故意尋求他人的過失，太不近人情。」唐太宗說完，就藉口此處山高路險，勒轉馬頭，進入另一條山谷，裝著什麼也沒有看見，避開此事，巧妙地赦免了這位官員的罪過。事後，這位官員知道太宗寬容大度，巧赦自己的罪過，不由感激涕零，發誓改過，做一名稱職的官員。

貞觀二十年（公元六四六年）的一天，太宗外出巡幸，在清道衛隊走過後，突然發現路側草叢裡潛藏著一名帶刀士兵，侍衛將他抓住，厲聲責問他是不是刺客。那個士兵嚇得渾身發抖說：「我從這裡路過，看見衛隊在清道，以為發生了什麼大事，但確實不知道太宗皇帝聖駕經過，自己帶著武器，害怕發現後產生誤會，所以躲在草叢中不敢動彈。」侍衛官準備將他關押，交大理寺審訊，還要追究清道衛隊失職的過錯。太宗知道後，令車駕返程回宮，並且對隨行的太子李治說：「此事不宜追究，恐怕會牽連一些人被殺頭，我回宮之後，你們立即將那個埋伏在草叢中的人放掉，不要再提此事，以免興大獄，殺無辜，造成冤案。」太宗一語，像輕鬆抹掉蛛絲馬跡一般，其寬宏雅量使太子和侍衛無不佩服心折。

還有一次，太宗乘坐手挽的便輿出遊京郊，有一名親衛不小心，腳下一滑，差點摔跤，無意之中竟然拉住了太宗的御袍，親衛內心懼怕，剎時臉色慘淡，魂不附體，連忙跪在地上，不住地叩首說：「罪該萬死，罪該萬死！」太宗連忙下輿將他扶起，安慰他說：「這裡沒有御史法官，我不會因爲你無意之中犯的過失而怪罪你。」並一再叮嚀衆衛士不得張揚此事。那名親衛見太宗寬慰、體貼自己，感動得熱淚盈眶，在場的衛士無不爲之動容。

古代很多帝王在得天下後誅戮功臣，應了「飛鳥盡，良弓藏；狡兔死，走狗烹」的名言，但太宗卻不是這樣。他以誠待人，自古少有，寬容大度，世所罕見。與朝廷大臣確實是「齊契同心，合而成體」（《貞觀政要‧鑒戒》），表現唐太宗和大臣之間是首腦和四肢的不可分割關係。但是，貞觀後期，他對最信任的已故大臣魏徵，也懷疑他有「阿黨」的行爲；在臨終前，對李世勣也採用「先黜之而後用之」的策略，是漢高祖以馭黥彭之徒」的詭詐之術，均不足取。在執政期間，殺盧祖尙、張蘊古、劉洎等，唐太宗都有不可推卸的責任。瑕不掩瑜，唐太宗以誠待人，寬容大度是他一生的主流，他的處世用人藝術是應該肯定的。

虛懷求諫

聖明的君主，能任賢使能，虛懷寬腹，如江海能容納百條溪流；昏庸的君主，聽讒信佞，狹胸細腸，猶雞鼠不接受半句忠言，雄才大略、功業彪炳的唐太宗，任賢不疑、從諫如流、兼聽並觀、納言改過，是千古風流的英傑帝王。他倡導諫諍，蔚然成風，博採衆長，治理天下，在歷史的長卷巨制中，寫下了燦爛輝煌的篇章！

一、求諫重要

唐太宗登基後，就希望聽到臣下的規諫。他認爲，權勢顯赫的君主，如果高高在上，自以爲賢能，剛愎自用，不能接納直臣的諫諍，罪已改過，反而聽信奸佞的阿諛順旨之辭，必然導致政治腐敗，國家衰亡。貞觀二年（公元六二八年），太宗問魏徵說：「人主何爲而明，何爲而闇？」魏徵懇切地回答說：「兼聽則明，偏信則闇」（《資治通鑑》卷一百九十二）。兼聽，就是聽取多方面的意見，分清是非，避免主觀片面性；偏信，就是祇聽取單方面的意見，容易受到蒙蔽和欺騙。夏桀不聽關龍逢的極諫，身死南巢；商紂不聽比干的忠言，自焚鹿臺。秦二世幽居深宮，偏信奸詐的宦官趙高，終成望夷宮之禍；梁武帝偏信驕奢弄權的朱異，自取臺城之辱，終於困餓而死；隋煬帝偏信唯諾取寵的虞世基，招致彭城閣之變，結果被縊殺江都。歷史的教訓使太宗心懷畏懼，深知明主納諫則國家興旺，闇主拒諫則社稷敗亡。忠臣雖然語言尖刻激然，卻能披肝瀝膽，盡進忠言，爲國君謀劃良策；讒佞之臣，祇會私計謀利，禍國殃民。可見，要想明辨眞假、善惡、美醜、忠奸，使天下大治，社稷興旺，必須兼聽，必須納諫。納諫，無疑是治國的法寶，療疾的良藥。

二、銳意改革

爲了避免大臣壅蔽匿情，使民情能夠上達，唐太宗決定廣泛採納各種不同意見，君臣「各盡至公，共相切磋」，治理天下。唐太宗還從制度上做了必要的改革。

其一，實現輪流値宿制度。太宗詔令五品以上京官，都必須輪流値宿於中書內省，「問以民間疾苦和政治敎化得失」（《貞觀政要·政體》）。爲什麼要實行這一制度？原來還有一個生動的故事。貞觀元年（公元六二七年）的一天，弩署坊來了一位手藝高強、善製良弓的巧匠，太宗知後大喜，便將自己得到的十幾張良弓陳列在殿上，召這位弓匠來鑒賞。這位弓匠把一張張弓拿起來，一邊仔細地看，一邊試射，然後對太宗說：「這些弓，強度很大，做工精細，裝飾華美，但不是上等的材料。」太宗聽後，非常吃驚，連忙向他請教。弓匠拿起一張弓，對太宗說：「陛下，請仔細觀察，這些弓的木材中心不正，紋路歪斜，弓雖然強勁有力，但是射出去的箭，不能直線運行，所以不是好弓。」太宗在弓匠指點下詳看細察，果然發現這些弓上的紋路都是歪斜的。於是，他深有感觸地對太子少師蕭瑀說：「我從小就喜愛弓箭，自認爲善識弓箭，盡知其中奧妙，我現在才知道自己並不精於此道。我用弓箭平定天下，弓不離手，箭不離身，尚且不能識別優劣，天下如此之大，事情如此之多，治國剛剛開始，我懂得的道理並不多，怎麼能不切望眾卿多進忠言，面陳過失，匡輔我治理天下呢？」

其二，實行「五花判事」制度。凡軍國大事，則中書舍人各執所見，雜署其名，謂之「五花判事」（《資治通鑑》卷一百九十三），即負責起草文告的六位中書舍人應各自申訴自己的意見，這樣就能集思廣益，並且要在文書上簽字。制成詔旨後，須經中書侍郎、中書令審查，再送到門下省，交由給事中、黃門侍郎駁正。覆奏之後，再付諸實施，這樣，就避免了權臣擅權和君主獨裁現象的發生，這樣，就爲開創貞觀時期君主虛心納諫和臣下鯁議直言的一代新風創造了條件。貞觀三年（公元六二九年），唐太宗還指出：「中書省、門下省都是掌管軍國大事的關鍵部門，擔任這些部門的工作，都是擢拔有才能的人，委託給他們的事尤爲重要。」因此，要求大臣對於不穩妥的詔令文告，要敢於負責，敢於「執論」，不應該「阿旨順情」，唯誰諾諾地苟且通過，而沒有一句諫諍之言。太宗的意見，旨在鼓勵大臣進諫忠言，保證了各項政策法令制度的正確實施。次年，唐太宗再次強調，軍國大事，必須由「有司商量，宰相籌劃，於事穩便，方可奏行。」不能像隋文帝那樣，不肯輕易信任文武百官，事無巨細，皆由自己決斷，朝臣都箝口不敢上疏直諫，「宰相天下，惟承順而已」。並指出這是導致隋朝德政不修，經二世而亡的原因之一。所以太宗極力主張廣泛任用賢才，接納善言，國君不應勞思費神，獨斷專行。並要求各級官員對頒布的不穩妥、不便施行的詔敕，必須堅持己見上奏，「不得順旨便即施行，務盡臣下之意」（《貞觀政要·政體》）。這無疑是唐太宗限制自己權力的舉措。他鼓勵臣下對自己頒布的詔敕敢於提出疑問，向君的權威發難，頗有民主味道。

其三，重視諫官，獎勵諫諍。詔令宰相入閣商議軍國大事時，一定要讓諫官列席，如果「有所開說，必虛己納之」（《貞觀政要·求諫》）。唐太宗非常重視諫官的人選。太宗朝，設左散騎常侍二人，「掌侍奉規諷，顧問對應」；諫議大夫四人，「掌侍從贊相，規諫諷諭」；起居郎二人，「掌起居注，錄天子之言動法度」；另有補闕、拾遺等諫官（《舊唐書‧職官志》）。諫官，是君主的耳目，專管對君主的勸諫，負有監督君主的責任。諫官，必須襟懷坦蕩，光明磊落，忠正耿介，膽識過人，不懼權威脅迫。貞觀名臣魏徵、王珪、韋挺、褚遂良都擔任過諫議大夫，都是著名的諫諍之臣。太宗決定讓諫官隨宰相進宮「平章國計」，參與軍國大事的討論和決策，不僅提高了諫官的地位，而且鼓勵他們直言規諫，以便聽取多方意見，處理好軍政大事。太宗還善於在傑出的諫官中選拔宰相。如王珪由於任諫議大夫「推誠納忠，多所獻替（諍言進諫）」（《舊唐書‧王珪傳》）。被擢拔爲黃門侍郎，不久又拜官侍中，成爲宰相之一。褚遂良因直諫著稱，貞觀十八年，拜爲黃門侍郎，二十二年擢升爲中書令，成爲唐太宗晚年最受信任的宰相之一。

三、鼓勵進諫

唐太宗對「爲臣進言極難」，有著清醒的認識。《韓非子‧說難》中載有一個生動的比喻：「龍是一種蟲，可以馴熟了讓人乘騎，但牠的喉下有一塊直徑一尺的逆鱗，如果有觸犯牠的人，就必然會被殺死。」夏代的關龍逢被桀所殺，商代的比干被紂所戮，都是觸犯龍鱗的結果，所以臣下向國君進言要擔很大的風險。太宗面對記載的史實，感慨萬千，對群臣說：「為君不易，為臣極難」（《貞觀政要·求諫》）。並希望大臣不避觸犯龍鱗，為治國擔憂，經常規諫。

太宗剛繼位，儀表威武，面孔嚴肅。真的是皇權之下，朝廷百官誰不敬畏！大臣們一個個頓失常態，手足無措，誰敢直言規諫！太宗瞭解其中緣故後，馬上放下架子，改變態度，和顏悅色面對群臣，真心誠意地說：「人欲自照，必須明鏡；主欲改過，必藉忠臣；主若自賢，臣不匡正，欲不危敗，豈可得也」（《貞觀政要·求諫》）。太宗為了社稷的安危，懷著虛心的態度，希望群臣匡正自己的過失，心情十分迫切。但他瞭解臣下的心態後，便循循善誘地開導衆臣說：「我閒居靜坐時，就從內心反省，常常擔心自己所作所為，上違天意，下遭民怨，祇想得到正直的人來匡抉規諫，希望自己的視聽與外界相通，你們想要進諫，常常懷著跳油鍋、觸利劍的心情，戰戰兢兢，惶恐不安。現在我要敞開胸懷，採納諫諍的言論，我豈能像隋煬帝那樣剛愎自用，殘酷暴虐，文過飾非，拒納忠言，你們應該消除疑慮和顧忌，去掉恐怖畏懼的心理，大膽陳述你們的意見。爲了社稷安危，祇要你們進言正確，我就一定改正，如果不符合我的心意，我也不會怪罪你們。」太宗敞開心扉，一番眞誠的話語，引得百官暢所欲言，大臣紛紛上書，朝廷上下，進諫蔚然成風，空氣十分活躍。

唐太宗不僅用擢升官階的辦法獎勵進諫，爲了鼓勵臣下竭忠盡智，犯顏直諫，還採用物質獎賞的辦法。直諫的官員不僅不會獲罪，而且會因得到獎賞和讚譽而感到無上榮光。太宗剛即位，有一個叫元律師的人被判處死刑，孫伏伽進諫說：「按照法律，元律師不夠死罪，陛下怎能不依法律判罪，而濫加刑罰呢？」太宗聽了，採納他的諫言，立即改判，並把價值百萬金的藍陵公主園賜給孫伏伽。有的大臣認爲孫伏伽規諫的事，極爲平常，賞賜太優厚。太宗解釋說：「我即位以來，很少聽到這樣的直諫，他勸阻我草菅人命，所以重賞他。」孫伏伽的受賞極大地激發了臣下進諫的積極性，無不躍躍欲試，準備進諫。

貞觀四年（公元六三〇年），唐太宗下詔征調兵卒，準備修繕洛陽乾元殿，以備出巡洛陽，給事中張玄素上書切諫。他認爲「預修宮室，非今日之急務」。

並指責太宗大興土木，奢華靡費是「役瘡痍之人，襲亡隋之弊，恐又勝於煬帝矣！」（《資治通鑑》卷一百九十三）太宗覽表，甚覺言辭過火，問張玄素說：「你說我不如隋煬帝，比桀紂又如何？」張玄素毫不畏懼，正色厲聲說：「倘若徭役不停，將乾元殿建成，就會勞民傷財，致使天下大亂，這同桀紂暴君有何不同呢？」群臣聽了，無不驚恐失色，以爲太宗會降罪於他，祇見太宗沉思片刻，心平氣和地對房玄齡等大臣說：「玄素所言，確實有理，應該立即停修乾元殿。他日就是有事到洛陽，縱使露宿野外又有何妨？」張玄素以位卑進仁人之言，力能迴天，實乃忠貞耿直之臣，實在可嘉。太宗賞給他綵緞二百匹，並且誇獎他說：「衆人之唯唯，不如一士之諤諤」（《貞觀政要·納諫》）。爲我們留下了千古名言。張玄素的進言可以說是膽大包天，若遇昏君，早已受戮，而太宗察納雅言，給以重賞，說明太宗求諫納言出於眞心，其雅量寬宏，也是世間少有，眞不愧爲一代英主。

太宗即位不久，魏徵、王珪諫點未滿十八歲健壯中男服役，獎魏徵金甕一口，賜王珪絹五十匹。又張蘊古上《大寶箴》規諫勸戒君主，太宗賜帛三百段。

貞觀初，李大亮上密奏「一言之重，等於千金」，太宗賜給金壺瓶、金碗各一個、《漢紀》一部。貞觀六年，魏徵諫太宗出嫁長樂公主備辦妝奩倍於長公主，賜帛五百匹。貞觀八年，皇甫德參上書奏事，激烈迫切，賜絹二十匹。貞觀十年，魏徵諫太宗不要寵愛越王李泰，賜給魏徵絹一千匹。貞觀十三年，魏徵擔心太宗不能「克終儉約」，上諫言十條，賞魏徵黃金十斤，良馬二匹。貞觀十七年，高季輔進「藥石之言」，太宗賜給他一劑鐘乳藥……。貞觀年間，因進諫擢升受賞的實例甚多，不勝枚舉。唐太宗的求諫精神，堪爲後世楷模。

誠懇納諫

唐太宗倡導臣下進諫，採納善言，是爲了知道朝政的得失，並予以糾正。這與古代賢君堯設置「諫鼓謗木」，大禹懸掛「鐘鼓磬鐸鞀」求言，有著同樣的意義。這不僅表現了偉大政治家寬闊的胸襟和謙虛的美德，也是促使政治清明的重要舉措。納諫改過，是唐太宗政治生涯中最爲燦爛光輝精彩的篇章。那些佳趣之事，在煌煌史冊中像一顆顆夜明珠在閃耀，反覆咀嚼回味，從中可以吸取許多經驗。

一、諫諍重臣

貞觀期間，直諫的大臣，前期如魏徵、王珪、杜如晦、房玄齡等，後期如馬周、劉洎、褚遂良等。其中最傑出的，當首推魏徵。魏徵，字玄成，巨鹿人，後遷居相州內黃。他是一位傳奇式的人物，「少孤貧，落拓有大志，不事生業，出家爲道士」（《舊唐書·魏徵傳》）。喜歡典籍，涉獵極廣，尤善縱橫之術。隋末天下大亂，他胸懷遠大的政治抱負，參加李密的瓦崗軍，爲典書記。李密每見其草擬的表章，大爲稱讚。李密兵敗降唐，他隨李密入關，由於不受重用，自請安撫山東，招撫瓦崗舊部。魏徵乘驛馬至黎陽，祇憑一封信，說服李密部將徐世勣歸唐，爲李唐首建奇功。後來竇建德攻破黎陽，他與徐世勣、李神通一起被俘。竇建德任命他爲起居舍人。竇建德被俘，魏徵才回到長安。隱太子建成聞其名，任命他爲太子洗馬，十分敬重。玄武門之變後，唐太宗不計舊怨，欣賞他的治國才能，敬重他的剛直品格，任命他爲詹事主簿，登基後，提升爲諫議大夫。他爲唐太宗的磊落胸懷、寬宏大量、愛才惜士所感動，以爲喜逢知己之主，決心竭誠效勞。太宗曾慰勞他說：「卿所諫前後二百餘事，皆稱朕意，非卿忠誠奉國，何能若是？」（《貞觀政要·任賢》）太宗曾把自己比著在璞的「玉石」和在礦的「黃金」，而將魏徵比爲「良工」、「良匠」，這就表明了太宗以人爲師，虛心納諫的高尚品德，也表明了魏徵作爲帝王之師的巨大影響。太宗也說：「讜言直諫者，以師友待之」（《貞觀政要·求諫》）。太宗是實踐了諾言的。魏徵激言切諫，指出太宗的過失，使其以隋爲鑒，居安思危，勵精圖治，爲成就貞觀大業起了巨大作用。魏徵直言進諫，太宗虛懷納諫，事例甚多，略錄典型事實爲證：

貞觀十一年（公元六三七年），魏徵頻上四疏，以《諫太宗十思疏》和《十漸不克終疏》最爲著名，影響深遠。其中《諫太宗十思疏》篇幅短小，文辭雋美，內容深厚，筆力剛健，警句迭出，哲理啓人。捧讀之餘，使人茅塞頓開，刻骨銘心。此文主要勸諫太宗力戒驕怠奢縱，也是魏徵勸諫君王的總綱。現將「十思」摘錄如下：

見到自己合意的東西，要想到知足，來警戒自己；將要大興工程，要想到適可而止，使百姓安寧；想到帝位高而危險，要想到謙虛，加強品德修養；害怕自己驕傲自滿，就要想到像江海一樣放寬度量，能容納千百條江河；喜愛遊獵，就要想到一年打獵不能超過三次的限度；擔心意志懈怠，就要想到始終保持謹愼；

憂慮會受人蒙蔽，要想到虛心採納臣民的意見；畏懼讒邪之人，就要想到端正身心，斥黜邪僻的小人；給予賞賜，就要想到不要因一時高興，獎賞不當；給以處罰，就要想到不要因一時惱怒，濫施刑罰；君主能做到以上十思，發揚光大九種美德，選拔賢能之士而加以任用，擇取正確的意見而加以採納，那麼智慧的人就會充分獻出他的謀略，勇敢的人就會完全使出他的力量，仁義的人就會廣施他的恩德，誠實的人就會獻出他的忠貞。陛下並用文武大臣，使他們各展其才，就可以垂衣拱手，無爲而治了。何須自己勞神苦思，代替百官履行職責呢！

魏徵的《諫太宗十思疏》，以老子「無爲而治」的思想作指導，要求太宗加強修養，少私寡欲，任賢使能，實行德政，虛心納下，慎終如始。眞是字字珠璣，句句警策，扣人心扉。太宗讀後，十分稱譽，爲魏徵的忠心箴言所感動。不僅將全文黏於御案側壁，隨時誦讀，警醒鞭策自己，而且特意寫了一份詔書給魏徵，表明態度說：「希望你不要怕冒犯我，繼續毫不隱諱地直言得失，我一定要虛懷若谷，以冷靜的心態，恭敬地等待著您的善言。」唐太宗還認爲魏徵超過了古代的賢臣。他說：「魏徵以仁義之道輔佐我治理天下，希望我成爲堯、舜那樣的明君，從這一點看來，諸葛亮也不能和他匹敵。」他高度評價魏徵，倚爲心腹重臣。魏徵「雅有經國之才，性又抗直，無所屈撓」（《舊唐書·魏徵傳》），那怕他的言辭極爲尖刻，甚至使太宗難堪，太宗也能接受。

二、使爲良臣

貞觀初年，有人嫉妒尙書右丞魏徵，誣告他偏袒親戚。太宗聽信他們編造的謊言，十分惱怒，就派御史大夫溫彥博查辦，結果全無此事，純屬子虛烏有，但溫彥博卻上奏太宗說：「魏徵身爲大臣，不能檢點言行舉止，遠避嫌疑，以致遭受譏議，即使他沒有偏袒之心，也有可以責備的地方。」太宗聽了溫彥博的稟告，也覺有理，便讓溫彥博去責備魏徵。魏徵聽了「不能檢點行爲」的話，也不分辯。另一天，魏徵進宮面見太宗，君臣之間進行了一番饒有趣味的對話，促人深思警醒。太宗問魏徵說：「近來你在外邊，聽到有什麼不對的事嗎？」魏徵嚴肅地回答說：「前天，溫彥博奉陛下命令對我說的『爲什麼不能檢點言行舉止？』的話，就不太對頭。我聽說君主和臣子心合意誠，才是君臣一體。如果不心存公道，君臣上下衹注意檢點言行舉止，那麼國家的興衰存亡就無法預料了。我怎麼敢奉詔呢！」太宗聽了大吃一驚，立即改變態度說：「前幾天說的話，我已經後悔了。」魏徵也不回答，衹是連忙叩頭說：「我有幸能夠事奉皇上，希望皇上讓我做一個良臣，不要讓我做一個忠臣。」太宗熟讀經史，衹是沒聽說過這樣的話，心中十分詭異，問魏徵說：「忠臣和良臣有什麼不同呢？」魏徵見太宗狐疑不解，便說：「上古的契、稷、皋陶，能與君主同心協力，盡諫忠言，共享榮華富貴，青史共標美名，這就是所謂良臣。而關龍逢、比干，忠心耿耿，敢於規諫君主，但最後被君主殺戮，國家滅亡。君主得到的是極大的惡名，而他獨自享有美譽，這就是所謂忠臣。」

魏徵關於忠臣、良臣本質區別的議論，頗有情趣，耐人尋味。唐太宗聽了，心中大喜，立即表示要虛心納諫，讓臣下都做良臣，即使「君受顯號」，又使「臣獲美名」，共建偉業，讓君臣共同載入輝煌不朽的史冊，世世代代受人稱頌，太宗並下令賞賜魏徵五百匹絹。

三、不可面從

貞觀六年（公元六三二年）閏七月，太宗和近臣在丹霞殿飲宴。酒至半酣，長孫無忌趁著酒興正濃，面赤耳熱之際突發議論說：「王珪、魏徵，從前幫助隱太子建成圖謀帝位，是我們的仇敵，想不到今天，能在此一同飲宴。」太宗恐怕長孫無忌發出難聽的話來，連忙對長孫無忌說：「王珪、魏徵過去服侍隱太子十分賣力，實在令我痛恨，但人臣各為其主，那是忠誠的表現。我拋去夙怨，提拔重用他們，發揮他們的才幹，他們也能盡心竭力辦事，但是魏徵每次向我進諫，祇要我不聽從，另外發表意見，他總是不答應，不知是何原因？」魏徵立即接過話頭說：「我認為陛下做事不對，所以才進諫，如果陛下不聽從我的勸告，我又順應陛下的意見，那就祇有按陛下的旨意辦事，如此違背進諫的初衷，所以我不敢答應。」太宗說：「你當時應承一下，顧全我的面子，然後再單獨向我進諫，難道有什麼妨礙？」魏徵解釋說：「從前，舜告誡群臣，不要當面順從，背後又發表不同的意見。如果我心知陛下不對，而又答應陛下，就是「面從」。如此陽奉陰違，難道是稷、契事奉舜的行爲嗎？」太宗聽了之後，放聲大笑說：「有人說魏徵舉止粗率傲慢，我祇覺得他耿直、樸實、嫵媚可愛！」魏徵聽了太宗的話，連忙拜謝說：「陛下啓發開導我，讓我暢所欲言，我才敢盡言，如果陛下拒不接受，我怎麼敢屢次犯顏，激怒陛下呢？」在場的大臣聽了君臣的對話，對魏徵當面直諫，堅持正確的意見，絕不背後議論的品質深表欽佩，對太宗的寬宏大量、虛懷納諫的聖明之舉盡情讚頌，君臣個個開懷暢飲，直至夤夜方散。

四、畏懼諫臣

魏徵要求太宗「無爲」，極大地克制自己的私欲，把治國時時放在心上。別看魏徵相貌一般，但極有膽識權略，他的犯顏苦諫，神色不改，常使太宗息雷霆之怒，收風雨之威。貞觀二年（公元六二八年），魏徵上墳回京，來不及回家，就趕往皇宮見駕。剛進皇宮，看見御駕齊備，侍衛雲集，好像要外出的樣子，不知爲什麼，御駕又停了下來，魏徵感到十分困惑，便問太宗說：「人們都說皇上準備駕幸南山圍獵，都已經嚴裝完畢，卻竟然不出發，這是什麼原因？」太宗不好意思地笑著說：「開始確實有出發駕幸南山的想法，但怕你生氣，所以中途停止罷了。」唐太宗作爲一國之君，秉皇權，顯威儀，卻畏懼魏徵的切言直諫，可見太宗納諫的誠懇非一般帝王可比。

貞觀五年（公元六二二年）十一月，友好鄰邦新羅國派遣特使獻上具有異國風韻的美貌佳人。太宗一見，色欲頓生，便想納入後宮，供自己享樂。魏徵認爲不應接受，上奏說：「新羅國派使者獻美女通好，也許是崇敬大唐的強大，也許是畏懼大唐的征伐。現在陛下承繼大統，隋末動亂的創傷還未完全癒合，陛下應該奮發圖強，勵精治國，如果接納異國美女，臣民必定非議陛下沉湎酒色，美譽就會減色，聲望就會下滑，後果不堪設想。」太宗本來就有點畏懼魏徵，聽了魏徵切中肯綮的分析，十分讚賞，便下令遣返異國美女，讓使者帶回，太宗納魏徵忠諫，克制色欲，全心治國，是值得讚揚的。

五、剎「裙帶風」

歷史上外戚把持朝政，擅權專橫的很多，這就是久刮不衰的「裙帶風」造成的。東漢的梁冀、西晉的楊駿，在宮廷裡導演的一幕幕醜劇，令人警醒。唐太宗也被這種邪風困擾過。貞觀七年（公元六三三年），蜀王妃的父親楊譽是個老色鬼，竟然在光天化日之下橫行宮禁，追逐一名漂亮的宮女。都官郎將薛仁方將這個「老醜」拘留審查，而楊譽擔任千牛官職的兒子惡人先告狀，在殿上呈奏說：「五品以上的官員，不是反叛之罪就不應當拘留，因爲我的父親是皇親國戚，所以節外生枝，不肯決斷，竟扣押幾個月。」太宗發怒說：「知道是我的親戚，故意這樣刁難。」於是下令免除薛仁方職務，打一百棍，逐出宮廷。這樣處理，不是意氣用事，而是裙帶關係在作怪，這豈不是慫恿外戚幹邪惡的事?薛仁方實在冤枉。

魏徵立即站出來說公道話，他直諫說：「城牆下的狐狸和神社下的老鼠雖然微小，因爲牠們有所倚仗，所以除掉很不容易，何況官仕之家與皇親國戚?過去說難於治理，東漢、西晉以來，發展到不能禁止駕馭的程度。武德年間，陛下很清楚，驕橫、放縱的現象很多，陛下繼位後才減少。」並勸諫太宗要防患於未然，不能讓「城狐社鼠」到處打洞，否則便是「自毀堤防」。由於魏徵的及時進諫，楊譽和薛仁方才得到比較公正的處理。

六、使臣有道

君主明理，不可隨意責備臣下；臣下盡忠，不可以遷就君主的過失。「此乃君使臣，臣事君之道」（《貞觀政要·君臣鑒戒》）。貞觀十五年（公元六四一年），唐太宗背著大臣在北門營造小樓閣。左、右僕射房玄齡、高士廉在路上碰到少監竇德素，詢問北門在營造什麼，竇德素溜進宮去將房、高詢問的事報告太宗。太宗大惱，立即召來房玄齡等責備說：「你祇管好南衙的事，北門小小的營繕，關你什麼事？」房玄齡、高士廉見太宗責難，十分驚懼，立即跪下叩頭，表示要謹遵聖言，再不多管閑事。太宗的斥責確實不近人情而專橫，房、高像奴僕一樣叩頭則有失宰相身分。魏徵見識不凡，慷慨直言，頭頭是道，使太宗和大臣無不心折：「我不理解，陛下爲何要生氣責備房玄齡、高士廉，房玄齡、高士廉爲何要惶惶不安，向陛下謝罪！房、高二位是陛下的股肱大臣，身邊的耳目，內外的事，難道有不應該知道的嗎？如果所營造的事是完全正確的，就應當幫助陛下完成；倘若不正確，就應該力請陛下停止營修。他們過問主管營修的實德素，理應這樣。我不知道房、高何罪而向陛下道歉？」魏徵根據「君使臣，臣事君之道」陳辭，句句在理，擲地有聲，太宗不住點頭，房、高也赧顏自愧。魏徵不僅是良臣，也是膽識過人，機敏過人的智能之臣。太宗也明白了說話要慎重，君應該怎樣使臣的道理。

魏徵勸諫太宗的事蹟甚多，以上列舉，可見一斑。太宗與魏徵的關係勝過了古代聖君與賢臣，魏徵病終，太宗哀思不已。他對侍臣說：「人以銅爲鏡，可以正衣冠；以古爲鏡，可以見興替；以人爲鏡，可以知得失，魏徵歿，朕亡一鏡矣」（《資治通鑑》卷一百九十六）。太宗傾吐的肺腑之言，足見其知人深矣！

七、廣開諫路

王珪也是著名的諫臣，他提出的「木從線則正，君從諫則聖」的名言，太宗尤爲欣賞。貞觀二年（公元六二八年）冬，太宗閒居宮中，正與擢升侍中的王珪縱論天下大事，偶然談到廬江王李瑗反叛的事。原來李瑗是太宗的堂叔，任幽州大都督，手握重兵，雄踞一方。建成、元吉預謀害李世民，勾結他爲外援，玄武門事變中，建成、元吉被誅，李瑗舉兵反叛，被部下誅殺。此時恰好有一個美人在太宗身邊侍候，太宗指著她對王珪說：「這就是廬江王李瑗的愛姬，李瑗殺害了她的丈夫，強佔了她。」王珪聽到這裡，立刻站起來說：「陛下認爲廬江王強娶她是對，還是不對呢？」太宗認爲他問得怪異，便說：「李瑗殺人而奪取別人的妻子，愛卿怎麼還問對與不對呢？」王珪回答說：「古代郭國的國君，喜歡善良的人而不任用他，厭惡邪惡的人而不忍拋棄他，結果導致國家滅亡。李瑗作法自斃，現在這個美人還在陛下身邊，這難道不是知惡不去，而贊成李瑗的作法嗎？」太宗聽了王珪「善善而不能用，惡惡而不能去」（《貞觀政要•納諫》）的道理，很受啓發，立即將美人送還她的親族。

貞觀時代，不僅大臣善諫、勸諫、切諫，就是后、妃和太子也能善於勸諫，尤以長孫皇后爲最。她教養深厚，知書善文，聰明賢淑，是一個有見識、識大體、寬厚仁慈的女性。她的遠見卓識在於限制本家族的權勢，力避裙帶之嫌，防止出現外戚干政的局面。她富有理智，善於規諫，而且語言幽默，方法巧妙，使太宗息雷霆之怒，恢復理智，接納善言。

貞觀六年（公元六三二年）三月，長樂公主將要出嫁，太宗認為她是長孫皇后所生，特別喜愛。便命令主管皇室子女婚嫁的官員，準備嫁妝，資送的嫁妝竟然超出皇姊永嘉公主一倍。按唐制，皇姑為大長公主，屬正一品，皇姊為長公主，皇女為公主，皆視一品。皇姊、皇女品級相等。太宗的決定，顯然違背禮制，魏徵於是規諫說：「從前漢明帝分封諸位王子，親自裁定他們的封域，於是先帝所封楚王、淮陽王的一半，現在陛下送給公主的嫁妝倍於長公主，該不會與明帝的意見不同吧！」太宗雖然同意魏徵的看法，但拒不表態，回宮後，太宗將此事告訴長孫皇后。皇后大為感嘆說：「我平時聽陛下極力稱頌魏徵，十分敬重，不知其中緣故。現在，我看他引用古代禮儀，來抑制國君的私情，才知道他是眞正捍衛社稷的忠臣。我與陛下是結髮夫妻，受到禮遇，親密無間，但在規勸陛下時，也必定要察言觀色，不敢輕易觸犯龍顏，何況臣子和君王的關係更為疏遠，卻能像這樣抗言直諫，陛下不能不聽從他的意見。太宗見皇后如此賢明通達，深受感動，便採納魏徵的意見，將長樂公主的嫁妝減半，並派內侍贈錢四百縉、絹四百匹，獎勵魏徵。

有一次，太宗罷朝，回到宮內，怒氣衝天地說：「有一天，該當殺掉這個種田漢，以洩我心中之憤！」長孫皇后連忙給太宗寬衣、送茶，勸解他說：「你究竟想殺誰？」太宗說：「魏徵常在朝廷上責辱我，有機會，一定要殺他！」皇后聽了太宗的話，心中大驚，連忙回到寢宮，換了一身朝服出來，朝太宗下拜，太宗十分詭異，問她的緣故。皇后莊重嚴肅地說：「我聽說國君英明，臣下才忠正耿直，現在魏徵忠正耿直，正是由於陛下英明的緣故，我怎麼敢不祝賀呢？」太宗聽了，猛然想起魏徵關於忠臣和良臣的議論，不覺心中一驚，這不是讓魏徵做忠臣，而讓自己做桀紂一樣的暴君嗎？想到這裡，要殺魏徵的念頭，剎那消失。太宗連忙向皇后拜謝，感謝她提醒自己，避免誅殺社稷之臣，毀了自己的英明。

唐太宗晚年，對他影響較大的是賢妃徐惠。徐惠妃聰明絕頂，「遍涉經史，手不釋卷」，她所寫的文章，辭彩豐茂，綺麗華贍，揮翰即成。貞觀二十二年（公元六四八年），徐妃因太宗「軍旅亟動，宮室互興，百姓頗有勞弊」（《貞觀政要·征伐》），上書直諫，批評太宗「矜功恃大」，棄德輕邦的錯誤，希望太宗愛惜民力，抑制心志，善始善終，太宗看了奏疏，深深嘉納，特加優厚的賞賜。

總之，「貞觀之治」不僅是任賢政治，也是納諫政治。祇有任賢，沒有納諫，猶如凌空大鵬的雙翮，折其一翮，又怎麼能直上九霄，飛翔九萬里呢？

去佞除讒

唐太宗能兼聽並觀，善察忠奸，去佞除讒。

自古以來，忠奸對立，猶如水火不相容，冰炭不同器。忠貞之士，志氣恢宏、正氣浩然、堅持正義、不願折節，眞個是「富貴不能淫，貧賤不能移，威武不能屈」。奸佞之徒，品行敗壞、陰險狡詐、心性殘忍、結黨營私、圖謀利益，其手段是諂媚君王、隱藏行跡、暗放讒箭、構陷忠良。所以聽不聽信讒言是區別明君與昏君的分水嶺。唐太宗深知「親賢臣，遠小人」是行正道者立身處世的道德原則，也是古往今來君主衡量檢測天下興亡的準繩。他喜愛忠臣直諫，畏懼小人讒言。他對阿諛諂媚、進獻讒言、陷害忠良的奸佞之徒，深惡痛絕，常常嚴懲不貸。對忠良之臣則任用不疑，常常撫慰表彰。這也可以看出唐太宗深諳對待臣下的處世藝術。

一、以史爲鑒

唐太宗以史爲鑒，認識到了去佞除讒懲奸的重要。貞觀初年，他就深有感觸地說：「我看前代說人壞話的邪佞小人，都是國家的蝨賊。」的確如此，他們花言巧語，阿諛奉承，互相勾結，植黨營私，蒙蔽迷惑主上，如果國君昏庸，忠臣孝子就要爲此含冤受罪，泣血痛哭了。太宗還打比喻說：「蘭花正要茂盛開放，秋風卻來摧折它；君主想要明察事理，讒言小人卻來蒙蔽他。」太宗在武德年間深受讒毀，感受眞切而尤其深刻。小人妒嫉賢能，詆毀忠臣的很多：公叔進讒，吳起離西河而奔楚；九佞進讒，田單被逼「免冠徒跣」；信陵遭讒毀，被魏王廢棄；李牧受誣告，遭趙遷殺戮。由此而下，西漢的陳湯、東漢的盧植、三國的鄧艾、西晉的王濬、東晉的謝安、後燕的慕容垂、隋朝的史萬歲，都是江山社稷之臣，功勛卓著之將，都不同程度地遭讒言毀謗，或罷官，或放逐，或殺頭，眞是不能一一列舉。唐太宗講了耳聞目睹的人事來警戒自己和衆大臣。他說：

斛律光，字明月，是北齊名將，善於騎射，屢破北周軍隊，威震敵國，北周每年冬天都要砸碎汾河上的封冰，就是畏懼斛律光率軍西渡汾河來進攻。後來北齊祖珽、穆提婆執掌朝政，怨恨斛律光，斛律光終受「讒構伏誅」。高熲，是隋朝賢相，有經國之才。他幫助隋文帝完成統一大業，執政二十餘年，天下百姓賴以安寧，而文帝偏信獨孤皇后的讒言，疏遠排斥他。後來煬帝荒淫無道，他忠言切諫，以「謗訕朝政」的罪名被殺害。此後，隋朝綱紀墮壞，法制政令衰敗，國家也瀕臨滅亡了。文帝太子楊勇，統率隋朝軍隊，代理朝政二十餘年，早有儲君的名分。晉王楊廣勾結宇文述，拉攏楊素，楊素趁機「欺君罔上，賊害良善」，在文帝面前貶楊勇，譽楊廣，又收買東宮信臣威姬，羅織楊勇罪名，使文帝廢勇立廣。文帝聽信讒言，使父子間的倫理關係突然失取先天的本性，禍亂就肇始了。隋文帝不辨忠奸，淆亂嫡庶名分，自己被楊廣、楊素殺害，社稷不久覆亡，難道不可悲嗎？

古人說：「代亂則讒甚」（《貞觀政要·杜讒邪》）。太宗引經據典，藉鑑史實，論述了讒言的危害，指出了防萌杜漸，禁絕讒言構罪的發生，是十分重要

106-□□

台北市新生南路3段88號5F之6

揚智文化事業股份有限公司 收

廣告回信
臺灣北區郵政管理局登記證
北台字第8719號
免貼郵票

姓名：

地址：

市 縣

鄉鎮 市區

（請用阿拉伯數字書寫郵遞區號）

路（街） 段 巷 弄 號 樓

電話：（ ）

FAX：

□□□-□□

□揚智文化公司　□亞太出版社　□生智出版社

謝謝您購買這本書。

爲加強對讀者的服務，請您詳細填寫本卡各欄資料，投入郵筒寄回給我們（免貼郵票）。

您購買的書名：＿＿＿＿＿＿＿＿＿＿＿＿

購買書店：＿＿＿＿＿市/縣＿＿＿＿＿書店

性　　別：□男　□女

婚　　姻：□已婚　□未婚

生　　日：＿＿年＿＿月＿＿日

職　　業：□①製造業　□②銷售業　□③金融業　□④資訊業　□⑤學生　□⑥大衆傳播　□⑦自由業　□⑧服務業　□⑨軍警　□⑩公　□⑪教　□⑫其他＿＿＿＿

教育程度：□①高中以下（含高中）　□②大專　□③研究所

職 位 別：□①負責人　□②高階主管　□③中級主管　□④一般職員　□⑤專業人員

您通常以何種方式購書？

□①逛書店　□②劃撥郵購　□③電話訂購　□④傳眞訂購　□⑤團體訂購　□⑥其他

對我們的建議

的。他希望大臣盡心輔佐，防止奸人進讒，陷害忠良，誤國害民。

太宗的一番肺肝之言，引起了衆臣的共鳴。魏徵十分贊成太宗的主張，並引用經典上的言論勸告太宗務必杜絕讒言，他說：「《禮記》說：『在別人看不見的地方也要謹慎，在別人聽不見的地方也要小心。』《詩經》上說：『平易近人的君子，害人讒言您莫聽？』『讒人說話沒定準，攪亂各國不太平』（程俊英《詩經譯註》。孔子也說過：『邪惡的小人，具有善辯的口才，善於進讒，會使國家導致覆滅。』」魏徵還指出國君如果曲意接受讒言，誣陷忠良，必然導致國家滅亡，宗廟必然成為廢墟。太宗聽了魏徵的忠耿之言，十分欣賞，不住稱讚。

二、治馬屁精

太宗深知「諛」之於「讒」，如同孿生。要想堵絕讒言，必須止「諛」。太宗對阿諛諂媚的佞臣，非常厭惡，凡拍馬屁的，輕者痛加斥責，使他們無地自容，狼狽不堪；重者貶斥罷官，遣返故里。

一年夏天，天氣炎熱，唐太宗退朝下班，走出大殿，信步來到御花園憩息納涼。微風輕拂，心情愉悅，不知不覺來到一棵大樹下。祇見樹幹粗壯筆直，枝繁葉茂，樹蔭清涼。太宗站立樹下，祇覺心曠神怡，暑氣頓消。徘徊良久，不肯離去。仰頭觀望，不覺脫口讚道：「這是一棵多麼美好的大樹啊！」太宗話剛落音，跟隨在太宗身邊的殿中監宇文士及察顏觀色，也鸚鵡學舌地對這棵大樹讚不絕口：「多麼挺拔的嘉樹呀，你偉岸的身軀就是陛下的英姿！多麼宏闊的樹冠呀，你遮天覆地，象徵陛下的功業偉績！你清涼的濃蔭呀，就是陛下賜給臣民的恩惠和福澤！」唐太宗聽了，心裡一陣緊縮、噁心、肉麻，大好的興致被他全攪壞了。於是當著衆臣的面嚴厲斥責說：「魏徵常勸我注意提防疏遠那些會溜鬚拍馬的諂諛之臣，我當時還不知道是誰，心中懷疑是你，但還不敢確定是你，今天的表現，果然證實了我的猜測。」宇文士及聽了太宗的訓斥，心中驚恐，連忙跪下叩頭不止，此後再也不敢奉獻阿諛之辭了。唐太宗疏遠巧佞之人，警覺性是很高的。

貞觀五年（公元六三一年），社會經濟好轉，唐太宗命令將作大匠竇璡遵循簡約原則，修繕洛陽宮。竇璡以爲這是討好太宗，立功升遷的機會到了，於是精心構思，巧妙安排：何處鑿深池，引流觴曲水；何處築假山，使奇絕怪異；何處置亭閣，使奇巧華麗；何處植佳木，使濃蔭遮翳，將各種景觀佈置得高低起伏，錯綜參差，曲折有致，極盡鋪張奢華之能事，打算將洛陽宮雕飾裝扮得華美無比。太宗知道後，想起戴冑等大臣表諫停修洛陽宮的事，想到民生的凋蔽和國庫的空虛，連忙招來竇璡，嚴辭責備他修繕不能從簡，浪費太甚。並下令停止修繕，毀棄已經修建的臺池，免除竇璡將作大臣的官職。竇璡原以為乘修繕洛陽宮之機，可以討好太宗，升官進爵，誰知捉雞不著倒蝕一把米，沒有升遷反倒丟了官。

貞觀十二年（公元六三八年）二月，太宗駕幸蒲州巡視，當時春寒料峭，剛到城外，蒲州刺史趙元楷竟讓鄉親父老穿著黃紗單衣站在大道兩旁跪迎車駕，太宗一見老人在寒風中瑟瑟發抖，心中大怒，連忙叫隨行官吏將老人扶起，讓他們回家休息。車駕入城，祇見樓臺觀閣，油漆一新，官署住舍，盛飾華美。太宗一打聽，也是趙元楷佈置下屬所為，這還不算，他又讓屬官私下餵養百餘頭肥羊和幾千尾鮮魚，準備送給隨駕的皇親貴戚。太宗見趙元楷尚奢靡，諛權貴，火冒三丈，將趙元楷傳來嚴加訓斥說：「我巡察黃河、洛水之間，所過州縣，沿途所需，都是用官府的物質供應，從不煩擾百姓。你竟然讓鄉親父老身穿黃紗單衣在寒風中跪迎，又雕飾官署房屋，修繕樓臺城堞，飼養肥羊鮮魚來取悅於我和貴戚。你的所作所爲「乃亡隋之弊俗」，這豈不是讓百姓來詛咒我嗎？你在隋朝爲官，便善於溜鬚拍馬，聚斂財物，難道舊病又復發了嗎？」太宗一頓訓斥奚落，使趙元楷面赤如肝，無地自容，幾天不吃不喝就死了。

貞觀十九年（公元六四五年）十一月，太宗征遼東返回，車駕要經過易州境。易州司馬陳元璹早已徵集民伕，讓他們在地下築室，燃火升溫，種植各種鮮嫩蔬菜，準備進獻給唐太宗，以悅其心。太宗到達易州，剛歇駕，陳元璹就立即派人將各種新鮮蔬菜抬到御營，請太宗嘗鮮。陳元璹以爲以這一別出心裁的奇招必定會得到太宗的賞賜和恩賜。殊不料太宗認爲陳元璹是一個徹裡徹外的阿諛諂媚之徒，對其不惜民力、奢侈靡費的行爲非常憤怒，當著御營將士斥責他是諂佞小人，罷免他的官職，遣返鄉里。

三、除讒去奸

唐太宗自覺治諂止諛，不僅表現了一位聖君的優秀品質和道德風範，也使那些諂媚乖巧趨炎附勢之徒斂聲藏跡。但是，小人畢竟是小人，他們要頑強地表現自己，往往就躲在陰暗的角落裡施放毒箭、離間君臣、傷害忠良，甚至毀掉社稷大業。太宗效法燕昭王、光武帝不聽讒言而任用樂毅、馮異，信任賢臣，使用賢臣，並採用強有力的方法治讒止讒，避免了誤殺名將功臣，避免了冤假錯案，使忠良之臣盡心輔佐，保證了江山的穩固。

貞觀初年，治書侍御史權萬紀和侍御史李仁發，都是工於心計、巧言令色、投機取巧的奸臣，他們朋比為奸，迎合上意，多次密進讒言，攻訐陷害大臣，受到太宗的信任。他們彈劾的奏章往往羅織罪名，誇大事實，歪曲真相，甚至無中生有，顛倒黑白。太宗受「欺罔」，常常譴責和降罪大臣，就連房玄齡、張亮這些開國名臣也不能幸免。致使「無以自安」，恐怖氣氛籠罩朝廷。百官上朝，無不懸心吊膽，都默默不敢發言。貞觀五年權萬紀藉李好德瘋病妄言一事報私仇，竟然歪曲事實，誣告大理丞張蘊古，蘊古終於被害致死。同時許多大臣都遭到譴責。魏徵目睹奸佞小人得勢猖狂，讒言惑主，壓抑不住心頭的滿腔怒火，立即草寫一份言辭犀利的奏疏，指責權萬紀、李仁發都是不識大體的小人，他們以誣陷中傷為正確，以告發攻訐為正直，凡是被他們指責的，都沒有罪過。並且批評太宗不能「舉善以厲俗」，察奸識忠，掩蓋小人的短處，接受小人的讒言，任他們攀附國君，「挾恩依勢，逞其奸謀」，這種「昵奸」的行為祇會離間君臣，危害社稷，造成無可挽回的「自損」。魏徵在奏章中用確鑿的事實證據當場揭發了權萬紀、李仁發的罪惡。權、李二人面對義正辭嚴的詰責，惴惴惶恐，狼狽不堪。魏徵並尖銳地指出：「陛下縱然不能選拔好人來發揚聖德，難道可以重用奸佞來自遭損害嗎？」太宗看了奏章，魏徵激切的言辭使他猶如吃了一劑發汗藥，猛然清醒，立即調查他們的奸狀，將李仁發解官黜退，權萬紀被貶到連州當司馬。這樣一來，打破了「萬馬齊喑」的沉悶局面，朝廷空氣異常活躍，百官心情舒暢，無不彈冠相慶。

貞觀三年（公元六二九年），監察御史陳師合，寫了一篇〈拔士論〉，說什麼「人之思慮有限，一人不可摠知數職」，用這篇文章來攻擊杜如晦等大臣。太宗看了這篇文章，認為陳師合，不識大體，胡亂毀謗，離間君臣關係，是危害社稷的蠹蟲。他對戴胄說：「我用最公正的原則治理天下，現在任用房玄齡、杜如晦，不因爲他們是有功德的舊部下，而是因爲他們有德行和才能。他還引證古代的事實說：「蜀主昏庸懦弱，齊文宣帝狂暴悖亂，而國家治理得好，是因爲任用諸葛亮、楊遵彥而不猜忌他們。」唐太宗認爲天下太平，要依靠臣下輔佐。而開闢直言勸諫的途徑，是爲了瞭解民情，使下情上達，如果讓沒見識的小人上密奏「告訐百官」、「務行讒毀」，離間君臣，要想臣下竭忠盡智，怎麼可能呢？於是下令把陳師合放逐到嶺南去。

魏徵是貞觀重臣，唐太宗曾經讚揚他說：「貞觀以後，對我竭盡忠心，進獻忠誠正直的言論，安定天下，有利百姓，使我成就今天的功業，被天下百姓稱道，祇有魏徵。」這一評價，足見太宗對他的信任。可是貞觀年間，有人向太宗進讒言，誣告魏徵謀反，太宗非常氣憤地說：「魏徵過去是我的仇人，是因爲他忠於職守，我才任用提拔他，怎麼能胡亂講壞話誣陷好人？」太宗沒有追查魏徵，並且立即誅殺了誣告的小人。古人說：「物必先腐之，而後蟲生之；人必先疑之，而後人讒之。」太宗不懷疑大臣，信任大臣，確實見識超過了其他帝王。他信賴魏徵的忠直，誅戮進讒的小人，以杜絕纔言，實在是高明之舉。他與大臣推心置腹，公正地對待自己和他人，表現了他的美好品德和對待臣下的處世藝術。因此魏徵十分感動，忠心輔佐，毫不懈怠。他在貞觀年間上奏言事達二百餘次，爲聖君興利除弊，眞正做到了「知無不害」，言必中的。對貞觀大治，起到了極大的作用。

由於太宗疏遠小人，去佞除讒，使忠臣盡心輔佐朝廷，良將能竭力捍衛疆土，保證了貞觀年間社會的安定和繁榮。

讜言直諫的人，以師友的禮節對待他；讒言蜚語的人，用仇讎的目光看待他，這是唐太宗公正待人的原則。一位睿智聖哲的君主，應該明是非，察眞僞，辨忠奸。對諂媚的佞臣，應該嗤之以鼻；對誣陷忠臣良將的讒臣，應該繩之以法。這樣，忠正之士才能舒心吐氣，竭心盡力，輔佐君王，保住江山不變色。

以德治國

君主的仁愛應該與日月爭輝，君主的德政應該與天地匹配。唐太宗尊儒，是把儒學主張作爲治國方略來實踐的。

一、仁愛爲先

唐太宗的「仁愛」是包容宇宙萬物的，超過了古代的聖君堯舜。周文王「澤及枯骨」，天下的諸侯都讚揚說：「西伯對於死人屍骨尚且普施恩惠，何況對於活著的人呢！」於是天下的人都嚮往了。《晏子春秋》記載了晏子勸齊景公葬五丈夫枯骨一事，都城中的人說：「國君對白骨都哀憐，而何況活人呢！」於是都「不遺餘力」、「不釋餘智」地爲國君辦事。可見仁愛的感召力多大啊！貞觀五年（公元六三一年），唐太宗派使臣前往高麗，收拾隋朝戰亡將士的屍骨，安葬祀祭，正是這種仁愛思想的體現。

太宗將仁愛施於群臣，尤其令人感動。兵部尙書李世勣，身經百戰，積勞成疾。太宗詔令太醫爲他精心治療，不見好轉。太宗於是親往他家探望，過問他服用的藥物。太醫說：「臣有一驗方，可治癒尙書大人的病，祇是缺少主藥『鬚灰』一味。太宗感到奇怪，忙問：「這『鬚灰』是何藥物！」太醫解釋說：「陛下，『鬚灰』就是鬍鬚燒成的灰。」太宗一聽，看了看自己濃密飄動的美髯，笑著說：「快拿剪刀來，這藥我有。」太宗親自將一副鬚髯剪下，燒成灰，又親手將『鬚灰』調入藥中，扶持李臣勣服下。李世勣服藥後，病情好轉，迅速痊癒。李世勣很受感動「頓首見血，泣以懇謝」（《舊唐書·李世勣傳》）。太宗連忙扶起李世勣，懇切地說：「你是社稷重臣，我剪鬚和藥，雖是爲你治病，也是爲了國家，有什麼値得感謝呢！」像這樣關心愛護大臣的事很多：杜如晦重病，太宗遣使慰問，派名醫送藥「相望於道」，虞世南長眠，他「哭之甚慟，賜東園秘器，陪葬昭陵」。張公謹逝世，他「不避忌辰日，發喪致哀，大放悲聲」。魏徵辭世，他「望哭盡哀」，沉痛地說：「朕亡一鏡矣」。對少數民族將領，太宗也「愛之如一」，他為李思摩吮血，為契苾何力敷藥，都是佳話美談。即使是普通士兵負傷生病，他也一視同仁，關懷備至。在東征高麗，駐軍定州時，有一名隨從士兵生病，太宗親自探詢病情，敕令州縣官員為他治病。等到大軍回師柳城，太宗命令收集陣亡將士骸骨，設置三牲，隆重祭奠。太宗親到祭奠的地方，遙望長空，哭泣盡哀。軍中將士也為太宗之舉感動，無不灑淚痛哭。士兵回家說起此事，父母都感動地說：「吾兒之喪，天子哭之，死無所恨」（《貞觀政要‧仁惻》）。

太宗施仁愛於廣大百姓的行動更令人敬佩。他不僅輕徭薄賦，推行與民休養生息的政策，每當天降災荒，還要開倉救窮濟貧。如貞觀二年，關中大旱，百姓饑饉，哀鴻遍野。太宗罪己，祈請上天，責罰自己。聽說有賣兒賣女的，心中哀憐，派遣御史大夫杜淹用皇家府庫中的錢財贖買那些兒女，還給他們的父母。減免租賦的年份更多：貞觀元年夏，山東諸州大旱，朝廷下令減免當年租賦。貞觀四年，隴岐二州，免租賦一年。貞觀十一年，免除雍州當年租賦；同年三月，免除洛州租調一年……太宗還多次放還宮女，讓她們自擇伉儷。太宗的「仁愛」，是眞人性，近乎博愛。「仁愛」不僅是儒學維護歷代王朝的統治思想，也是凝聚華夏民族的網繩。當昏庸的君主拋棄「仁愛」，施行暴政時，滅亡的日子就到了。當這根網繩斷裂時，臣臣、父子、兄弟的關係就會扭曲、疏離、紊亂，華夏民族就會似一盤散沙。太宗以「仁政德治」爲治國方略，以仁愛忠孝敎化百姓是值得肯定的。

二、鼓勵忠貞

人臣的忠，上是君主「無爲」的基礎，沒有人臣的忠，君主的「無爲」也就沒有依託了。唐太宗要求臣下的忠貞，給侍臣講了一個春秋故事：「戎狄殺死了好鶴的衛懿公，吃盡了他的肉，祇留下肝。他的臣子弘演出使歸來，目睹慘狀，呼天痛哭，於是自殺，掏出自己的肝，而把衛懿公的肝放入自己腹中。」太宗講述這個故事是激勵臣下向弘演學習啊！

太宗很注意獎勵忠臣節士。貞觀九年（公元六三五年），太宗以光祿大夫蕭瑀為特進，令他參與朝政。並對房玄齡說：「武德六年後，太上皇有廢棄原來許諾立我為太子的思想，我不為建成、元吉所容，實在是擔心功勞大而無法賞賜，反而受到嫉妒迫害。蕭瑀不受利誘，不怕刑戮，眞是國家的重臣。」於是用「飛白書」賜詩給他：「疾風知勁草，板蕩識誠臣。」蕭瑀十分感激，表示要永葆忠節之氣，玄武門事變之前，建成、元吉對尉遲敬德、段志玄等人，或用重金收買，或用刺殺威脅，但敬德、志玄等不為所動，表現了他們的忠貞品格，多次受到太宗的賞賜。

太宗不僅表彰和重用自己營壘中的忠貞之士，對於東宮集團中的忠義之士如馮立、謝叔方也能信用和擢拔，對於隋朝的忠義之士如屈突通、姚思廉也能委以要職，即使是梁、陳時期忠義之士的後代，也務必訪求，予以重用。

三、孝為根本

「忠」與「孝」是不可分割的，「孝」是「忠」的基礎，至孝才能至忠，離開孝就談不上忠了。太宗推行德化，鼓勵忠貞，堅持操守，必須大力提倡孝悌。

唐太宗自己就是個孝子。貞觀二十年（公元六四六年）十二月癸丑日，太宗對長孫無忌說：「今天是我的生日，民間認爲這是最快樂的日子，我的心卻反而傷感。現在我君臨天下，富有四海，想孝敬父母，承歡膝下，永不可能。這使我想起了子路，他父母死後，南遊楚國，做了大官，從車百乘，積粟萬鐘。卻常以不能吃那藜藿野菜，不能爲父母背米而感到遺憾。《詩經·小雅·蓼莪》說：『可憐我的爹和娘，生我養我太辛勞。』（程俊英《詩經譯註》）怎麼能在父母勞苦之日來舉行宴樂呢？」太宗不覺悲從中來，潸然淚下。

開國功臣房玄齡是個大孝子，他生母早逝，父親續弦。他眞心實意，孝敬繼母，順從超過了一般人。繼母生病，請醫診視，必定拜迎流淚。丁憂期間，爲繼母哀傷過度，身體消瘦。太宗爲了獎勵他的孝行，派散騎常侍劉洎前往寬慰勸解，贈送許多禮物。堂堂宰相房玄齡，帶頭盡孝，有利於敎化百姓，不愧爲世人的楷模。太宗對民間的孝子也注意獎賞。突厥人史行昌在玄武門值班，吃飯時，將菜裡的肉留下帶回家給母親吃，太宗知道了，感嘆說：「仁孝的天性，怎麼能分漢、夷？」於是命令官署送一匹皇家的馬給他，供他母親食用。

《呂覽‧孝行》中說：「君主孝，那麼名聲就卓著顯耀，臣民就服從，天下就贊譽；臣子孝，那麼侍奉君主就忠誠，君臣就清廉，臨難就能獻身；士人百姓孝，那麼耕耘就用力，攻必克，守必固，不疲困，不敗逃」。「孝」作為傳統的道德，作用可謂大矣！太宗把孝作為治身的根本；極力推崇，使社會風氣變得更淳樸了。

四、重教知禮

「玉不琢，不成器」。儒學強調透過教育使人懂得禮儀和義理，做到忠孝。唐太宗重視教和學，能用傳統的儒教文化對臣民進行教育，以規範他們的行為。

唐太宗很重視太子的教育。他知道：周成王崇尚聖哲，拜太公望、召公奭為太師太保，增加德行；漢惠帝深納仁義，禮迎東園公、綺里季、夏黃公、角里商山四皓，顯示品德。他要求太子拜師學習，弄通治國方略，務必懂得禮教。貞觀十七年（公元六四三年），制定太子見三師的禮儀，太宗詔令太子出殿門迎接，先作禮拜見三師，三師行禮時太子要答禮，每逢進門出門應讓三師先走；三師坐下，太子才坐；太子給三師寫信，前面稱「惶恐」，後面要稱「惶恐再拜」。

為了教化臣民，唐太宗命房玄齡、魏徵等人制定新禮共一百三十八篇，於貞觀十年頒詔執行。太宗和大臣帶頭執行新禮。以前，公主下嫁，都不能按禮侍奉公婆。唐太宗的女兒南平公主，下嫁禮部尚書王珪的兒子王敬直，遵父囑咐，孝敬公婆，生活起居，很有禮法。王珪深有感觸地說：「現在皇帝英明，一切行為皆循法度，我接受公主的拜見，豈祇是為了自身光榮，也是以此成全國家美好的道德風尚。」太宗聽了王珪的話，很高興，於是規定，公主下嫁，都要對公婆嚴格行禮。

王珪還提出了一個問題：按照法令，三品以上官員在路上遇到親王，不應該下馬，現在都違背禮法表示尊敬，有違朝廷法典。太宗認為這些大臣是想抬高自己，貶低自己的兒子。魏徵出班據理力爭說：「漢魏以來，親王排列都在三公以下。現在三品官員和六部尚書、九卿，給親王下馬，親王是不應承受的。尋求先例，沒有根據，現在施行，有違國法，按理實在不可。」太宗說：「國家立太子，是準備用他作皇帝。一個人的優劣，不在年齡大小，假如沒有太子，則同母弟當依次立為太子。按這點，怎麼能輕視我的兒子呢？」魏徵駁斥說：「自周朝以來，立嫡必立長，是用來根絕庶子非分的想法，堵塞禍亂的根源，陛下應該十分謹慎。」魏徵精通儒家經義，知人倫，懂禮儀，又深知淆亂名分的危害，對太宗的斥責，反駁有理有節，使太宗允許王珪的奏請。

五、以樂化民

太宗十分重視音樂的教化作用。因為音樂是人內心情感的流露，其潛移默化的奇妙功效是以移風易俗，教化百姓，所以，太宗期望音樂的製作合符治國的需要。

太宗和大臣討論過音樂與政治的關係。《呂覽·適音》中說：「治世之音以安，其政平也；亂世之音怨以怒，其政乖也；亡國之音悲以哀，其政險也。」由此可知音樂與政治風化關係密切，識音者可以諦聽音樂，瞭解國家的政治實質。所以春秋時晉國的師曠能從演奏南北方民歌中感到北盛南衰，吳國的季札能從樂歌中知道「政平」、「政乖」、「政險」的區別，鑒別國家的興亡，精微到了極點。貞觀二年，祖孝孫上奏製作的唐雅樂。太宗說：「音樂是聖人緣情製作來教化百姓的，國家的興隆、衰敗，不是由音樂決定的。」御史大夫杜淹則認爲南朝齊的滅亡是由於製作「伴侶曲」，陳朝的滅亡是由於製作了「玉樹後庭花」。太宗駁斥他說：「音樂能感動人，所以快樂的人聽到就喜悅，哀傷的人聽到就悲哀，悲歡在於人心，不是由於音樂。快要滅亡的國家，百姓必然憂愁苦悶，所以聽到這種音樂就悲哀罷了。現在，「伴侶曲」和「玉樹後庭花」都保存著，我爲你演奏，難道能使你悲哀嗎？」魏徵也認爲「樂誠在人和，不在聲音」（《資治通鑑》卷一百九十二）。說透徹點，音樂是一種表現人的喜怒哀樂的藝術形式，而君主的思想意志，君主與大臣制定的大政方針和他們的所作所爲才是國家興亡的根源。

貞觀年間，唐朝製作有「秦王破陣樂」、「傾盃樂」、「十部樂」等樂曲。「秦王破陣樂」最有名，貞觀七年（公元六三三年），更名爲「七德舞」，太宗又作「破陣樂舞圖」，命呂才依圖教樂工一百二十八人披甲執戟而舞。舞有三變，每變四陣，共五十二遍，有往來疾徐刺擊等形象。所唱內容爲禁暴、戢兵、保大、定功、安民、和衆、豐材等七德。其氣勢豪邁磅礴，嘆爲觀止。太常卿蕭瑀以爲七德舞描述聖上功德，不夠詳盡，請將劉武周、薛舉、竇建德、王世充等被擒獲的情狀，搬上舞臺。唐太宗解釋說：「他們都是一時的英雄，現在朝廷的大臣，很多都侍奉過他們，如果看到他們故主的屈辱情狀，能不傷心嗎？再說雅樂也祇能表現出一個大概情況。」蕭瑀連忙拜謝說：「這不是愚臣所能考慮到的啊！」這裡強調了音樂製作的形式和內容，對政治教化有很強的反作用力。唐太宗和蕭瑀的對話說明了製作樂曲必須愼重，要有利於君臣團結和政治教化。

賞功罰罪

儒家主張以德治爲主而以賞罰爲輔。「賞功罰罪」是君主應該遵循的一條治國原則。賞、獎善也；罰，懲惡也。沒有刑罰之威，就不能懲治奸邪；沒有厚賞之恩，就不能教化臣民。魏徵在《諫太宗十思疏》中指出：「恩所加則思無因喜而謬賞，罰所及則思無因怒而濫罰。」有功則賞，有罪則罰。賞要廣樹恩惠使臣民感恩戴德，爲國效死而不辭；罰要堵塞邪路，懲一儆百，使違法者受懲而無怨。賞罰傾斜甚至錯位，就會綱紀混亂，賢士退位，奸佞秉權。唐太宗賞罰分明得當，朝堂之上群賢畢集，奸佞遠避，確實無虛言。

一、寬律慎刑

唐太宗認爲，要做到賞罰分明，必須制定一部全面可行的法律。那麼，制定法律的依據何在?漢高祖劉邦因秦朝政令苛酷，所以採用寬緩的刑律。諸葛亮因蜀地法紀廢弛，風氣敗壞，所以加強法制的力度。這就是說要根據具體的情況，審時度勢，制定法律，不能一味套用前人的作法。隋、秦極爲相似，都是短命王朝。秦始皇、隋煬帝嗜欲無窮，毫無節制，盡情享樂，都是殘忍暴虐的君主。他們都政令苛酷，賦稅繁重，徭役頻仍，鬧得民怨沸騰。所以唐太宗本著「寬仁慎刑」的原則，制定了寬緩簡約的律令。

貞觀元年（公元六二七年），太宗命房玄齡、長孫無忌修改「武德律」制定「貞觀律」，比「隋律」寬緩。如除斷趾法，改緣坐法。唐太宗閱讀了一本《明堂鍼灸圖》的醫學專著，知道人的脊背上穴位很多，都與人的心肝脾肺腎息息相關，於是下令行刑時，不許杖背。此外，「貞觀律」又制定國家的制度和政令一千五百四十六條，統稱爲「令」。又修改武德年間的制敕，把三千條精減爲七百條，作爲考核官員職責範圍的根據，被稱爲「格」。最後又定出尚書各部和諸寺、監、十六衛工作章程，稱爲「式」。律、令、格、式的內容包羅萬象，從國家制度到社會經濟生活，以及民間的婚喪嫁娶都有詳細規定，凡是違反律、令、格、式的，一律按法律處理。

爲了正確地貫徹執行律令格式，太宗採納王珪等大臣建議，選擇公正善良的人來擔任法官。公平斷案的給以獎賞，以此來堵塞奸詐邪惡。爲了避免量刑過重和發生冤案，規定判死罪的要經中書省、門下省四品以上官員及尚書九卿等討論。貞觀四年（公元六三〇年），全國判死刑的僅二十九人，幾乎把刑律置之高閣了。

貞觀五年（公元六三一年），太宗又因誤殺張蘊古，下詔實行死刑覆奏制度。冬十二月正式規定，在京主管機關，請求處決死囚，應該在二日內「五覆奏」，即在執行死刑前兩天內，必須向上級司法部門上報五次，經審查批准，方可實行。地方州縣在執行前也要「三覆奏」。這樣避免了濫殺無辜。

二、公平論賞

論功行賞，是獎賞的原則，也是激發功臣爲國效勞、爲君盡忠的強力措施。但是運用不公，賞不當功甚至無功厚賞，忠正之士必然心寒而退，奸佞之徒必然得志猖狂。唐太宗深知其利害，絕不錯賞、濫賞，其公正無私、不徇私情的品質，堪稱帝王的楷模。

武德九年（公元六二六年）九月，唐太宗在奪取玄武門政變的勝利後，正式登基，召集文武大臣，按其功勞大小論功行賞，並要求衆臣說：「如果我按你們的功勳封賞不當，可以提意見。」詔令任命中書令房玄齡、工部尚書杜如晦、吏部尚書長孫無忌並列爲一等功臣，封給食邑三千三百戶。黃門侍郎陳叔達剛宣讀完詔令，下面譁然，衆武將憤憤不平，尤以太宗的叔父淮安王李神通最不服氣。他怒氣沖沖上奏說：「陛下與高祖在晉陽剛舉義旗，我在關中率兵首先響應。後隨陛下逐鹿中原，馳騁沙場，身經百戰，九死一生。而房玄齡等都是舞文弄墨的文弱書生，無舉槍扛鼎之力，無陷陣殺敵之功，功反居臣上，官反比臣高，我心中實在不服，望陛下鑒察。」李神通說完，下面有很多武將都隨聲附和，吵吵嚷嚷。為了不造成文武不合，不挫傷武將的積極性，太宗平心靜氣地給大家講了個故事。他說：「漢高祖劉邦平定天下，認為丞相蕭何功勞最大，封他為酇侯，食邑八千戶，功臣都不服氣。有的武將說：『蕭何沒有血戰的汗馬功勞，祇做些玩弄筆桿、口舌議論的事，功勞卻在我們之上，是何道理？』劉邦說：『你們見過畋獵嗎?追捕殺死野獸的，是狗，而指出野獸蹤跡，放狗去捕殺的，是人。現在諸位祇是奔跑捕殺野獸，這是狗功；至於像蕭何考慮目標，發布指示，這是人功啊！』劉邦剛說完，爭功的大臣再沒有一個說話了。」太宗娓娓道來，衆臣摒氣而聽，再無一人說話。太宗繼續解釋說：「淮安王李神通是我叔父，義旗剛舉時，雖然首先倡言舉旗，也是為了自身免禍。竇建德進佔山東，叔父奉命征討，全軍覆沒，身為竇建德所擄。劉黑闥失敗，捲土重來，叔父望風敗北。房、杜等人雖然沒有攻城野戰的大功，但他們輔佐我，運籌於帷幄之中，決勝於千里之外，籌謀安定天下，像蕭何一樣，有指示蹤跡、推動戰車的功績，所以論功行賞，理在叔父之上。叔父乃皇室至親，我確實不會吝惜封賞，祇因為不能徇私情就隨意與功勳卓著的臣子同等封賞罷了！」太宗一番開導，在情在理，有實有據。李神通聽罷，心中豁然，十分服氣。衆武將也心悅誠服，同聲說道：「陛下最公道，就連淮安王尚且不給私情，我們怎麼敢不安其分呢？」

封賞剛結束，太宗又按功勞大小、能力高低任命一批地方官吏。秦王府的老部下，未能封官的人都埋怨不如太子建成和齊王元吉的部下，認爲太宗薄待舊人，不近人情，讓人寒心。房玄齡將這一情況向太宗稟報，請太宗在職務安排上給予照顧。太宗解釋說：「古代最公平的，就是正直而沒有私心。丹朱、商均都是堯舜的兒子，但是他們不成器，堯舜拋開他們，把天下傳給賢能的人。管叔、蔡叔，都是周成王的親兄弟，他們散布謠言、蠱惑人心，與武庚陰謀判亂，所以周公承受王命討伐他們。因此，懂得君主統治天下的人，要以天下爲公，不能有私心。昔日諸葛亮是蜀國的丞相，他說『我的心像秤一樣公平，不能對人分親疏。』何況我今天治理是一個大國呢？我和你們的衣食，都是百姓供給的。所以我們設官分職，都是爲了百姓。既然這樣，就應當選擇賢才而任用他們，怎麼能以親疏爲標準呢？倘若新進的賢德，故舊的不肖，又怎麼能捨新而取舊呢？你擔任中書令，不看舊吏德才如何，聽到一些怨言，就替他們說項，這難道是治國爲政的法則嗎？」太宗一番明理之言，使房玄齡耳熱赧顏，連忙向太宗認錯。秦府故吏聽到太宗的話，也覺言之有理，再無人議論。太子和元吉部下更是感動已極，決心盡力報答太宗。

事過不久，有侍臣上書，請求給原秦王府的衛士一律授予武官職位，到宮禁中值班警衛。太宗說：「我把天下看成一家，不能對一些人有私心，祇能任用賢德之人，怎能因新人舊人而在對待上有差別呢？你的意見，對治國無益，我不能採納。」

太宗「君人者，以天下爲公，無私於物」（《貞觀政要·公平》）的思想，正是對「一人得道，雞犬升天」的舊觀念的否定。有功必賞，不分親疏新舊的作法對於穩軍心、得民心、治天下的作用是相當大的。

三、公正執法

唐太宗極力主張公正執法，他說：「爲政莫若公」（《資治通鑑》卷一百九十二）。他對侍臣說：「漢魏以來，諸葛亮爲丞相，把運糧餉遲誤、謊報軍情的廖立、李嚴流放到南夷去。諸葛亮死後，廖立聞訊痛哭說：『我們恐怕要亡國了！』李嚴聽說後，哀傷得發病死去。如果諸葛亮不最公正，他們是不會如此悲痛的，隋相高熲，公平正直，精通治國的法則，隋朝的興亡，決定於他的生死。如今我仰慕古代聖君，你們也應該效法前代的賢相啊！」

公正賞罰是唐太宗的主流，但有時也摻入主觀的情感，憑個人的意志出發，違背律令。但他從不剛愎自用，而能引咎自責，自覺守法，糾正謬誤，維護法律的尊嚴；也不文過飾非，而能勇於改過，採取補救措施，避免重蹈覆轍。

貞觀五年（公元六三一年），張蘊古擔任大理丞。相州人李好德患有神經病，胡說自己有龍虎之相，將來會君臨天下。地方官將他逮捕，交大理寺。張蘊古查證落實，李好德患有瘋病，不宜治罪。上報後，太宗準備赦免他。蘊古將太宗旨意暗地告訴李好德，並召他來下棋。治書侍御史李好德與張蘊古有私仇，便乘機誣告蘊古上奏說：「張蘊古是相州人，李好德的兄長李厚德是相州刺史，他爲了結交厚德，便謊說好德有病，並將陛下的旨意透露給李好德。」太宗最忌大臣結黨營私，誤聽讒言，一怒而將蘊古斬首東市。事後，太宗冷靜思考，蘊古曾上《大寶箴》，是很有才能的法官，按實情，不應判處死刑，於是下詔罪己，優厚撫恤蘊古家屬，並批評房玄齡等未能及時勸諫，為君分憂，致使鑄成大錯，又認眞研究，決定實行「五覆奏」制度。覆奏制就是從蘊古被冤開始的。

貞觀初，朝廷大力選拔人才，要考察他們的資歷。有的士人為了儘快選官，便偽造履歷和家世。太宗不滿這種弄虛作假的行徑，「敕令自首，不首者死」。恰好有個士人，在應選時，「詐冒」的事被檢舉揭發，大理少卿戴胄根據唐律判處他流放邊地，並將案情奏報太宗。太宗認為戴胄抗拒自己的旨意，損害自己的威嚴，惱怒地責問說：「我當初詔令，不自首的要處死，你卻判處流刑，豈不是要讓我失信於天下嗎？」戴胄從容地回說：「陛下的詔令，不過出於一時的高興、憤怒；法律，是國家用來向天下公布大信用的準則，陛下為應選的士人『詐冒』而忿怒，所以要殺他。現在已經知道不能這樣做，交給大理寺按法律處理，這就是忍耐小的忿怒而保存大的信用，我私下認為是替陛下珍惜啊！」太宗稱讚他說：「你能認眞執法，我還憂慮什麼呢？」

貞觀六年（公元六三二年），吏部尚書長孫無忌，應召進宮見太宗，進入東閣門時，竟然身帶佩刀而入，守門官兵也一時疏忽，沒有發覺，直到出閣，走到宮門口，監門校尉才發覺。按律，帶刀入宮，應該殺頭。長孫無忌既是皇親，又是開國功臣，太宗當然不想殺他，但是，這事如何交待？封德彝善察帝意，擬定，監門校尉怠忽職守，其罪當死；長孫無忌不是有意帶刀入閣，判刑二年，罰銅二十斤。太宗準備批示照辦。大理寺少卿戴胄反駁封德彝的錯誤決定說：「長孫無忌帶刀入宮，校尉沒有發覺，都是過失，按律校尉的罪應該輕些，現在一個罰銅二十斤，一個卻要判死刑，量刑的差別竟有天壤之別，公理何在？又何以服天下？」由於戴胄據理力爭，終於使太宗改變其決定，同罪判決，免除校尉死刑。太宗為戴胄的正義之辭所感動，嚴肅地說：「法者，非朕一人之法，乃天下之法。何得以無忌國之親戚，便欲撓法（曲解法律）耶？」（《貞觀政要·公平》）

貞觀九年（公元六三五年），吐谷渾侵犯涼州，李靖奉命率軍討伐。岷州都督鹽澤道行軍總管高甑生隨李靖出征，他不服從李靖的調度和指揮，違反軍令，犯了「後軍期」罪行，靖按軍法，給了他應有的處分。高甑生懷恨在心，伺機報復。大軍凱旋，甑生上書，誣告李靖謀反。太宗見書，大吃一驚，心想當年義軍攻下長安，自己從刀口下將李靖救了出來，李靖隨自己南征北討，立下汗馬功勞，他年事已高，又處太平時期，怎麼會反叛呢？心存懷疑，於是派人調查，全屬子虛烏有，純屬誣告。太宗以爲高甑生不擇手段，行爲卑鄙，下令堅決按法辦事，嚴懲不貸。結果按律判處高甑生死刑，考慮他過去的功績，減免流放邊地。有大臣上奏說：「高甑生是秦王府功臣，請求寬恕他的罪過。」太宗斷然拒絕：「甑生違抗李靖的節制調度，又誣告他謀反，這樣陰險歹毒的人都可以寬赦，國家的法律將怎樣執行？再說從晉陽起兵，秦府功臣很多，如果甑生可以赦免，那麼功臣人人犯法，又怎能禁止？我對故舊勛臣，不曾忘懷，爲此，我不敢赦免他。」

唐太宗之公正執法可知矣！

尚儉治貪

儉約是人類的美德，英明的君主都以此爲傳統。他們能珍惜五穀，以暴殄天物爲鑒；能珍惜民力，以勞民傷財爲戒。而昏庸的君主則放棄、背離這一傳統，祇顧圖安樂、求奢侈，恨不得窮盡天下的技巧，造多種翫物，供個人享樂。

一、覆車之鑒

古人說：「覆車之鑒，不可蹈也。」唐太宗親眼見到隋朝的興亡，頭腦是很清醒的。隋文帝是開國之君，崇尚節儉，勵精圖治，把隋王朝建成了一個百姓富裕，國家強盛的王朝，其聲威遠播，使四夷歸附。而隋煬帝反其道而行之，貪得無厭，大開奢侈之門，建宮室、開運河、築長城、伐高麗，徭役無限，耗盡國力。「上之所好，下必有甚！」（《貞觀政要·直諫》）上下爭相奢侈放縱，毫無限度，終於導致滅亡。唐太宗深知，帝王所希望的是擴建修飾宮殿屋宇和遊覽觀賞的池臺，百姓所不希望的是饑餓寒冷。帝王所希望的是驕奢淫逸，百姓所不希望的是勞累疲憊。孔子說：「己所不欲，勿施於人。」太宗爲了李唐王朝的長治久安，在貞觀前期，克制欲望，不興工程，「戒奢崇儉」，使百姓休養生息，使唐王朝達到了繁榮昌盛的局面。

貞觀元年（公元六二七年），太宗很想造一座宮殿，材料已經準備好了，但是他一想到秦始皇造阿房宮的事，就不修建了。他引古代哲人的言論道：「凡是君王『不要做無益的事去損害老百姓的利益。』『不要謀求滿足私欲，使民心不混亂。』如果君主謀求私欲，一味追求精美的食物、華麗的服飾和珍禽異獸等翫物，一味喜愛精雕的酒器、細鏤的玉器和價值連城的珠寶，民心就必然混亂，那麼國家危亡的日子就會立即到來。」因此，太宗要求王公以下的人，要抑奢侈，宏儉約，戒貪欲。他們的「住宅、車服、婚娶、喪葬，超規越矩的，必須一切禁斷」。這樣就在法令上剎住了貴族官僚的奢靡之風，使貞觀年間民風樸素，物質豐饒，百姓免除了饑餓寒冷的禍害。

二、崇尚節儉

太宗患有「氣疾」，應該住在高敞通明的宮殿裡，而皇宮十分「卑濕」，在夏暑秋涼的季節容易發病。貞觀二年（公元六二八年），公卿大臣從愛護他的健康出發，都建議「營一閣以居之」。而且從《禮記》上找出了根據。按理說：皇上有病，建造一座樓閣來住，不算爲過，也談不上奢侈。可是太宗反而向他們解釋說：「我患有氣病，確實不適宜住在低下潮濕的皇宮裡。但是，如果同意了你們的請求，靡費實在太多。」他還用漢文帝「露臺惜費」的故事來教育公卿大臣。原來漢文帝計畫建造一座露頂高臺，工程預算要費百金，相當於民間十戶中等人家的財產。文帝覺得太靡費、太奢華，就停止營造。太宗爲此深有感觸地說：「我德行趕不上漢文帝，而耗費的財物卻超過他，難道說是作爲百姓父母的國君應有的德行嗎？」公卿大臣，再三請求，太宗堅決不答應，此事才作罷。

到了貞觀四年（公元六三〇年），隨著社會經濟好轉，太宗準備巡幸洛陽，於是調發士卒修復洛陽宮的乾元殿。給事中張玄素激切直諫，指出修復乾元殿的一根大柱，費用就達幾十萬錢，其餘的費用就更多了。他說：「我聽說阿房宮建成，秦國的人心渙散；章華臺建成，楚國的百姓背離；乾元殿建成，隋朝也隨之滅亡。」他希望太宗不要「承凋殘之後，役瘡痍之人，費億萬之功，襲百王之弊」（《貞觀政要·納諫》）。唐太宗認爲張玄素的諫言很有道理，立即下令停修洛陽宮乾元殿。在群臣的諫阻下，唐太宗克制私欲，在貞觀前期，基本上沒有興建大的工程，使百姓休養生息，安居樂業，促進了生產的恢復和經濟的發展。

唐太宗還極力提倡薄葬。貞觀十一年（公元六三七年），他下詔說：「我聽說死亡是生命的終結，是希望人復歸自然；埋葬是隱藏屍體，是希望別人不能見到。」他不滿隋代勛戚「窮金玉之飾」，盛行厚葬之風；他痛斥秦始皇在驪山陵墓中用水銀造海，是不守禮法。他極力推崇聖帝唐堯、明君秦穆公、孝子孔丘的節葬。他極力糾正奢靡之風，敕令州縣官員明加檢查，根據情節按法律定罪。在京城中五品以上的官員以及勛戚之家，都要記錄上奏。唐太宗也「志在儉葬」，爲了避免子孫「倉猝勞費」、「從俗奢靡」，親自製作殮葬規格，「因山爲陵」，「容棺而已」。太宗的皇后長孫氏「仁孝儉素」，本著節葬的精神，在離世前遺言說：「勿以丘壟勞費天下，但因山為墳，器用瓦木而已」（《資治通鑑》卷一百九十五）。長孫皇后和唐太宗的儉葬精神，確實堪為後世楷模。

據宋洪邁《容齋續筆》記載，唐代高力士在唐太宗陵寢中，祇看見一個梳妝盒，一把柞木梳，一隻黑角篦，一把草根刷子，慨嘆不已：「先帝隨身所用，祇留下這些微不足道的遺物，我想把它傳給後世，讓子孫永遠保持節儉的美德。」他把這件事上奏明皇李隆基，明皇雙膝跪下，恭恭敬敬地捧著太宗遺物說：「夜光明珠，垂棘寶玉，可算稀世之珍，但它們的價值，怎麼能超過太宗的遺物呢？」太宗是明皇的曾祖父，他雖然功業顯赫，卻能崇尚「無為」，堅持儉約，慎始善終，因而國家日益強盛。明皇開始尚能勵精圖治，見到先帝的遺物有所感慨警惕，並且命令史官「書之典則」。晚年，他躊躇滿志，漸生奢侈淫逸之心，就把太宗儉約的事拋到爪哇國裡去了。後來竟然造成「安史之亂」，使唐帝國的國運日漸衰敗了。這一對比，祖孫的差異可知矣！

太宗大力提倡節儉，革除奢侈，禁斷淫巧奇技，對大臣有很大影響。戶部尚書戴胄居住的宅第破敗簡陋，死時，沒有祭祀供奉的地方；尚書右僕射溫彥博家裡貧窮，沒有正室，等到死的時候，祇好停柩於側室；中書令岑文本住宅簡陋低矮，沒有幃幔的裝飾；名臣魏徵住宅裡沒有正堂，生病時，太宗把正準備建造小殿的材料給魏徵建造正堂，並賜給他白色褥子和布被，來滿足他崇尚儉約的志向。魏徵死後，太宗給「羽葆鼓吹」，讓他陪葬昭陵，他的妻子裴氏，遵照魏徵「簡葬」遺囑，「悉辭不受，以布車載柩而葬」（《資治通鑑》卷一百九十六）。可見，貞觀年間，由於倡導儉約，已完全矯正了隋末澆薄奢侈的風俗，而儉約厚樸風俗的形成對於建立廉潔政治又產生了巨大的影響。

儉約，如山野爛漫之花，年年繁衍；奢侈，如室中之花，雖說富貴嬌艷，卻植根淺薄，容易凋謝枯萎。儉約，來自道德的修養，來自無欲的真念。祇有善於駕馭自己的人才能做到。權力極大、財富極多的帝王更是如此。

三、以法懲貪

縱觀歷史，凡能廉潔自守的帝王，都要懲治貪官，使百姓安寧。而貪婪縱欲的帝王，會使臣下私欲膨脹，貪贓枉法，禍國殃民。唐太宗為一代聖君，崇尚「無為」，倡導節儉，他知道倡廉必反貪，因而對於貪官污吏，能依法懲治，不留私情。貞觀時代好像經過一次蒸餾和昇華，使前朝的穢濁沉積海底，使社會的澆薄風氣回歸純眞，使百姓的奢縱習俗返於厚樸，主要在於懲貪倡廉。

貞觀二年（公元六二八年），唐太宗語重心長地對侍臣說：「貪財的並不是眞正懂得愛財，如五品以上的內外朝官，俸祿優厚，每年所得，數目十分可觀，如果接納別人的賄賂，一旦暴露出來，俸祿就會被削除，這難道是懂得喜愛財務嗎？」他還一連講了魯國的賢相公孫休生性喜歡食魚但絕不收別人饋贈的魚、蜀王貪圖秦惠王所謂「屙金」的五頭石牛而遭滅亡和漢朝大司農田延年徵牛車載沙送陵墓而貪贓三千萬自殺的三個故事。並嚴正地指出「為主貪，必喪其國；為臣貪，必亡其身」（《貞觀政要·貪鄙》）。以此告誡群臣，免蹈前人覆轍。

可是，總有人不聽招呼。貞觀三年（公元六二九年），河南道濮州刺史龐相壽貪贓的罪行被揭發，其醜行劣跡暴露於光天化日之下，受到撤職的處分。他不思改過，依仗自己是秦王府的故吏，向太宗上書，請求免於處分。為此，唐太宗頓起惻隱之心，竟然打算讓他官復原職。魏徵見太宗衹顧私情，無視法律，便直言勸諫，嚴正地指出，讓貪贓枉法、聲名狼藉的龐相壽官復原職，衹能助長官吏的貪欲，敗壞社會風氣，不利於澄清吏治。如此下去，善良的人就會懼怕，老百姓就會怨憤，廉潔正直的官員，也會隱退，不願爲朝廷效力。一個龐相壽的危害如此之大，如果秦王府的舊人個個倚仗皇上的恩情來滿足私欲，那又會出現怎樣的狀況呢？太宗聽了魏徵的一番直諫，深感理虧，欣然採納。太宗納諫動眞格，不徇私，不枉法，不偏袒秦王府故人舊吏，依法懲貪是值得推崇的。

廣州都督黨仁弘也是一個貪贓受賄百餘萬的不法分子，他倚仗開國功勛，無法無天，勾結豪強、強佔奴婢、濫徵賦稅，使得民怨沸騰，其聲名狼籍，劣跡昭著，更甚於龐相壽。按照大唐法律，應該處黨仁弘以死刑。唐太宗可憐他是元老功臣，又是年邁之人，便從寬處置，罷黜仁弘爲庶人，流徙欽州。房玄齡等大臣認爲這是淆亂法律，混亂朝綱，動搖國本。太宗也說：「法者，人君所受於天，不可以私而失信。今朕私黨仁弘而欲赦之，是亂其法，上負於天」（《資治通鑑》卷一百九十六）。太宗深知亂法的危害，於是翫弄「罪己」的把戲，掩人耳目。他在罪己詔中說：「朕有三罪，知人不明，一也；以私亂法，二也；善善未賞，惡惡未誅，三也」（《資治通鑑》卷一百九十六）。太宗這樣作，既給貪官黨仁弘一定的處分，有利於澄清吏治；也引咎自責，表示悔改錯誤，用另一種方式維護了法律的尊嚴。

四、以德治貪

唐太宗不僅以法懲貪，而且還利用「禮義廉恥」的網繩來治貪。太宗登基不久，就遇到了一起受賄案。右驍衛大將軍長孫順德，身為外戚，又是開國元老功臣，爵高祿厚，足稱富貴。然而不修品行，貪婪計私，竟然收受別人餽贈的絲絹，醜聞被揭發後，太宗認為長孫順德富貴已極，不應接受賄賂。如果能「勤覽古今，以自鑒誡」，多做對社會有益的事情，自己可以與他共同享用皇室府庫的錢財，為什麼竟不顧名節，貪婪到這樣的地步呢？」但是，念及他的功勛，沒有嚴懲他，祇是在殿庭上賜給他幾十匹絹，來警戒他。大理少卿胡演上奏說：「長孫順德貪贓枉法，收受財物，罪惡不可赦免，怎麼反而賞賜他絹帛呢？」太宗笑了笑說：「他若有人性，得絹的恥辱，超過了受刑，就一定會悔改。如果不知羞愧，祇不過是一禽獸罷了，殺他又有什麼益處呢？」

貞觀六年（公元六三二年），唐太宗採用了別有情趣的治貪方法。原來，右衛將軍陳萬福從九成宮前往京城，他心存貪念，隨時想著「揩油」，竟順手牽羊，將驛站人家的幾擔麥麩帶走了。太宗知道後，於是召他上殿，賜給他幾石麥麩，讓他當著文武百官的面背回去。陳萬福羞愧無顏，又不敢違旨，祇好在衆目睽睽之下低著頭，一趟一趟地背麥麩，丟盡了臉。太宗如此懲治陳萬福的鄙俗貪婪之心，確實能促人猛醒，改貪尙廉。

還有一件事也頗有意味。貞觀十年（公元六三六年），治書侍御史權萬紀建議說：「宣州、饒州各處有許多銀坑，開採獲利甚大，每年可以收入錢幾百萬貫。」太宗認爲權萬紀未能「推賢進善」，又不能審查檢舉違法的人事，而祇知出售銀坑獲取利潤，奪民之利，把自己當作東漢末年祇知聚斂錢財的桓、靈二帝，於是勒令權萬紀停職回家。

唐太宗懲貪污、反腐敗、倡行廉潔、清白自守。他把「其身正，不令而行；

其身不正，雖令不從」作爲座右銘。他曾在巡行時，率百官到以清廉著稱的漢朝太尉楊震的墓地，親撰祭文，哀悼致意，號召百官，不徇私，不枉法，不貪污，不受賄，以楊震爲楷模。「勖勵名節」，做一個儉約廉潔之臣。太宗斥貪用廉，周圍聚集著一大批像魏徵、戴胄、溫彥博、岑文本等風骨清高、廉潔忠實、節儉樸素的大臣，對社會的影響是巨大的。

五、常懷畏懼

太宗要求大臣和自己要常懷恐懼。他常常警戒公卿大臣要畏天地，小心奉法。他語重心長地對他們說：「大家應該深深地思考，『徇私貪濁』，不祇是敗壞國法，損害百姓，即使在事情尚未暴露的時候，內心難道不常懷恐懼？恐懼太多，也有因而導致死亡的。大丈夫怎麼能隨便貪圖財貨而危害自身生命，使子孫後代常常感到慚愧羞恥呢？」他還對此作了生動的比喻：「鳥棲息在樹林中，還擔心樹不夠高，要在樹梢上築巢；魚潛藏在泉水裡，還憂慮泉不夠深，要在水窟底營穴。但是牠們仍然被人所捕獲，都是由於『貪餌』的緣故。」太宗要求衆臣心懷畏懼，摘去貪心，廉潔奉公。所謂「賢者多財損其志，愚者多財生其過」（《貞觀政要·貪鄙》）。這是值得深思警戒的。

唐太宗要求自己在顯赫的功業面前，不是沾沾自喜，而是心存畏懼。貞觀十二年（公元六二八年），疏勒、朱俱波、甘棠和日勒等邊遠郡國派使者到長安向唐帝國朝貢，唐太宗非常謹慎地說：「國家豐足，邊境安寧，四方來朝，這是大快人心的喜事。但也會因此產生驕傲和貪圖享樂的情緒。如果像秦始皇那樣殘暴酷虐，像漢武帝那樣驕縱奢侈，那麼亡滅的禍患就會來臨，因此我為國家的危亡而感到恐懼，一點也不敢鬆懈怠惰。」在平定高昌國後，太宗在招待群臣的宴會上惴惴不安地說：「平定了這樣一個國家，我心中感到更加恐懼，心裡祇想力戒驕奢淫逸來提防自己；採納忠直的言論來匡正自己，這樣才能保證國家獲得長久的安寧啊！」太宗在國泰民安的歲月，心存畏懼，節制君臣的欲望，時時想到戒奢崇儉，減輕百姓負擔，使公私財物沒有被浪費，才使百姓安居樂業，才使唐王朝成了舉世矚目的東方帝國。

唐太宗雖然經常告誡自己，但是，隨著國家的興盛，功業的顯赫，在不自覺中還是潛滋暗長了驕傲的情緒。魏徵等大臣多次規諫太宗不要「驕傲縱欲」，應該「克終儉約」。魏徵在奏章中指出「傲不可長，欲不可縱，樂不可極，志不可滿。」應該始終如一，「先淳樸而抑浮華」、「絕奢靡而崇儉約」、「重谷帛而賤珍奇」（《貞觀政要·愼終》）。太宗也能存畏懼、納善言、戒驕奢。到了晚年太宗竟然不惜民力，相繼營繕翠微宮、玉華宮，又喜愛華服美飾、珍寶奇翫，還東征高麗不已。太宗的徐惠妃懇切地勸諫說：「秦始皇呑併六國，反而加速了秦朝基業的滅亡；晉武帝佔有魏、蜀、吳三國，反而導致功業的傾覆失敗。」聖明的君王，以卑陋的宮室，微薄的飲食爲安樂；驕奢放縱的君王，喜歡金玉裝飾的樓臺殿宇，大興靡麗之作。」珍奇的翫物和巧妙的技藝，是亡國的斧斤；珠寶玉器和錦繡，實在是迷人心性的鴆毒。」可見，太宗後期，畏懼銳減，的確矜功自大，開始驕奢淫逸，不惜民力，犯有較爲嚴重的過失。不過，瑕不掩瑜，唐太宗的美德懿行仍然值得推崇。

歷史的經驗不可忘記，「成由儉來敗由奢」，尚儉興邦，崇奢喪邦。這是歷史所證明的一則顚撲不破的眞理。

重本抑末

農業是百姓的衣食之源，也是國君治國的根本。祇有發展農業，增產糧食，百姓才會豐衣足食、安居樂業，國家才會安定、繁榮、富強。「重本抑末」是關係到國計民生的一項國策，實行這一國策，也是儒家傳統的「民爲邦本」思想的體現。漢代晁錯在《論貴粟疏》中就明確提出了重農抑商的主張，古代明主無不把「重本抑末」當作產業管理的方針。唐太宗也不例外，他獎勵耕織，勸課農桑，積極推行輕徭薄賦與民休養生息的政策，極大地促進了農業生產的迅速恢復和發展。

一、帶頭耕織

隋末大亂，人口銳滅，「耕稼失時，田疇多荒」，農業生產遭到極大破壞。爲了社會的穩定和百姓的安居樂業，唐太宗把解決百姓的衣食問題放在首位，他告誡群臣說：「凡是都必須致力於根本，國家以人爲本，人以吃飯穿衣爲本，凡經營衣食，以不失季節時令爲本。要不失季節時令，祇有國君簡易寧靜，不煩擾百姓，才能夠達到。」可見發展農業生產，關鍵在於國君的「簡靜」，就是要求國君以秦皇、漢武爲鑒，戒奢崇儉，禁止浮華，不事營造，止息兵戈，讓百姓依附於土地，安心務農。唐太宗爲了勸課農桑，不僅要農官和縣令重視農業生產，到田間壠頭去勸勉百姓，致力耕織。他自己也下令恢復「籍田」，在春耕開始的季節，率領京城百官到東郊祭祀農神后稷，然後親執「耒耜」，下地耕種。又讓長孫皇后帶領宮內嬪妃和諸王公命婦到宮苑內採桑養蠶。太宗和皇后帶頭耕種養蠶的舉動，表現了帝、后的高尚品德。這事傳到宮外，極大地鼓舞和調動了臣民務農的積極性。

二、不奪農時

唐太宗十分關心民命，每遇水旱災害，就要求群臣極言爲政得失，並祈禱蒼天，拯救百姓。他「吞蝗」弭災的故事更是催人淚下，感動臣民。貞觀二年（公元六二八年），京畿一帶，久旱不雨，正値六月，莊稼孕穗，渴望甘霖。天有不測風雲，人有旦夕禍福。忽然飛蝗從天而降，滋生蔓延，遮天蔽日，將莊稼嚙噬殆盡，京郊男女老幼，無不跪對蒼天，祈禱痛哭。唐太宗接到京畿官員的報告，憂心忡忡，立即前往禁苑中視察自己種的莊稼，祇見飛蝗成群，一陣陣此起彼落，吞噬禾苗，颯颯有聲。太宗見此情狀，憂心如焚，急忙命令宮中衛士、宮妃驅蝗捕蟲。他抓了幾隻蝗蟲，跪伏於地，向蒼天禱告說：「老百姓以穀物來維持生命，你卻吃掉穀物，這是危害百姓啊！如果百姓有過錯，責任祇在我一人。你確有靈性，祇應該吃我的心，不要傷害老百姓啊！」祝禱完畢，太宗就要立刻吞下蝗蟲。左右侍臣及嬪妃見太宗果眞要吞下蝗蟲，都爲他的健康狀況擔心，跪下勸諫說：「陛下要愛惜龍體，怎麼能以九五之尊吃這些惡物呢？這些惡物吃下去要生病的，請陛下不要這樣做！」太宗毅然說：「我希望上天將災禍轉移到我身上，還躲避什麼疾病呢？」他不顧衆人的苦苦勸告，就把手中的幾個蝗蟲吞下肚去。事情也怪，自從太宗「呑蝗」以後，蝗蟲再不爲災。

太宗此舉，雖然愚昧可笑，但他關心民命，「冀移災朕躬」（《貞觀政要・務農》）的思想眞能與成湯「桑林禱雨」，降罪於己的行爲媲美。「呑蝗」之後，而蝗蟲「不再爲災」，雖近於荒誕，但太宗憐惜百姓的眞情，生呑蝗蟲的異行，也是絕無僅有了。

太宗「重農」還表現在「以不失時爲本」，即保證農夫按季節時令耕作收穫。貞觀五年（公元六三一年），發生過皇太子舉行冠禮儀式和春耕農忙的衝突。主管部門陳奏，按陰陽家的推算，在二月間舉行冠禮最爲適宜。太子少保蕭瑀也認爲以二月爲佳。太宗反對說：「陰陽禁忌，我不奉行，如果人的舉止必須依靠陰陽禁忌，不顧道德和禮儀，要想求得上天賜福，這能得到嗎？」太宗要求主管部門，不必拘守陰陽家的測算，必須遵守王道，不誤農時，將太子的冠禮改在秋後舉行。太宗「吉凶在人不在天」的思想確實難能可貴。太宗「重農」，能遵照古制，把畋獵、祭祀、婚嫁、大典安排在冬季進行，不妨害農時，都是很正確的。

三、禁止「末作」

唐太宗指出：「爲政之要，必須禁『末作』」（《貞觀政要·禁末作》）。這就肯定了「務本」，否定了「末作」。但是，唐太宗要禁的「末作」，不祇是工商業，其意義要寬泛得多。它指的是與百姓的生存相去甚遠而不實用的一切制作。這些制作祇能供給人觀賞、娛樂、享用，助長人的奢侈、貪婪、靡費。由此可知，夏桀修瑤臺、行宮、別苑；商紂製象箸、築瓊室、建鹿臺；隋煬帝修宮殿、建苑囿、造龍舟，都與根本不沾邊，均屬「末作」範疇。在古代，「末作」興，國家就危險，是應該禁斷的。唐太宗對群臣說：「古代《傳》上說：『雕琢刻鏤傷農事，纂組文彩害女紅。』聖人制定法度，沒有不崇尙節儉，革除奢侈的。帝王凡有興建築造，也必須重視順從民心……古人說：『不做沒有好處的事，不謀求個人的私欲，這樣民心就不會擾亂。』至於那些雕刻精巧的器具、珠玉做成的服飾玩物，如果任憑個人放縱奢侈，那麼危亡的禍患就會很快來臨，從今以後，王公勛貴以下，凡是不應穿著、使用之物，一律禁斷！」

貞觀七年（公元六三三年），工部尙書段綸，身爲皇親國戚，卻帶著一名技藝精巧的工匠楊思齊進宮，欲製造新奇、精巧的木偶戲劇之具，供皇上和宮人觀賞，以取悅於太宗。太宗看了那些形象維妙維肖、動作靈巧、表演精彩的木偶，並不青垂賞光，反而嚴厲訓斥說：「推薦的巧匠，應該爲國家製造有用的東西，你讓他造這些新奇淫巧的玩物，祇能供人娛樂消遣，祇會助長奢侈浮華的風氣，如果國家提倡，爭相製造，豈不是要大家玩物喪志，拋棄農桑這個根本嗎？」於是下令減少段綸的俸祿等級，並嚴令禁止演木偶戲。

四、重農措施

爲了發展農業生產，唐太宗首先採用了輕徭薄賦的利農措施。他竭力鼓勵農民由地少人稠的地方遷到地廣人稀的地方。樂於由「狹鄉」遷到「寬鄉」的，都可以免除賦稅負擔，遷居千里外的免除三年，遷居五百里外的免除二年，遷居三百里外的免除一年。官吏必須堅決執行這一規定。唐太宗還採用「輕徭薄賦」的政策，減輕農民的負擔，使他們依附於土地，安心農業生產。他從仁愛的思想出發，凡遇大災，不僅禱告蒼天，祈請除禍降福，也絕不吝嗇，除了減免賦稅外，還要大量動用國庫的錢財和倉廩的糧食救窮濟貧。

興修水利，灌溉農田，是利農的第二條重要措施。唐太宗深知水利是農業的命脈，興修水利工程是發展農業的當務之急。他在工部中設有水部郎中和員外郎，負責治水工作。京師設有都水監，掌管京師河道的疏浚與灌溉事宜。爲了保證水利工程的質量，唐太宗命工部官員制定出水利與水運的法規，稱爲《水部式》，以刑律保護河水與隄防的專門使用、維修。若有官員失職，違反《水部式》條款，必定嚴懲不貸。由於唐太宗大力倡導，貞觀年間的水利興修與以往比較起來有較大的發展。農民在平原和山地修起了大量的溝渠和陂塘。如貞觀十年，命令劉雅決引陳留（現河南開封縣）觀省陂的水灌溉良田百頃。貞觀十八年，楊州大都督府長史李襲譽募民工修渠，引江都縣東十一里雷塘之水，又築構城塘，灌溉田地共八百頃。貞觀二十二年，縣令長孫恕，在陝西東南二十三里處鑿十石墟渠，「溉田良沃，畝收十石」（《新唐書》卷三十九《地理志》）。長孫恕還在龍門西鑿有馬鞍塢渠。滄州刺史薛大鼎募民疏浚無棣河以利航行灌溉，百姓歡欣鼓舞，作歌頌揚他的功績：「新河得通舟楫利，直達滄海魚鹽至。昔日徒行今騁駟，美哉薛公德滂被。」接著他又率領百姓疏浚了長蘆河、漳河和衡河，使滄州免除了水患。

爲了發展農業，唐太宗非常注意農田水利的管理。「仲春乃命通溝瀆，立隄防；孟冬而畢。」水利設施被沖壞的，要隨時營葺。灌溉時，要節約用水，做到均衡使用。「每歲府縣差官一人以督察之；歲終，錄其功以爲考課」（《大唐六典》卷二十三）。

其三，增殖人口，擴大農業勞動力，隋末戰亂，人口銳減，武德年間，統計戶口，僅二百餘萬戶。太宗繼位，採取措施，到貞觀末，全國戶數達三百八十萬戶，其增殖戶口的途徑之一，贖回外流人口。貞觀三年，「戶部奏：中國人因塞外來歸及突厥前後降附，開四夷爲州縣，獲男女一百二十餘萬口。」貞觀十四年，「侯君集破高昌，得三郡、五縣、二十二城，戶八千四十六，口萬七千三十一」（《通典》卷七，《歷代盛衰戶口》）。貞觀四年，頡利可汗降唐，次年，太宗用金帛將淪落在突厥的男女八萬人贖回，交還他們的親屬。前後共贖回人口約二百萬，爲恢復中原的生產，提供了大量勞動力。其增殖戶口的途徑之二，提倡婚嫁，鼓勵生育。貞觀年間規定男子二十，女子十五爲法定婚齡。達到法定婚齡，男婚女嫁，任何人不得干預。鰥夫、寡婦，祇要已亡配偶的喪期已過，必須再婚。對貧乏無財，不能適時嫁娶的，鼓勵戚友和富戶之家「資送」，促成他們早日成婚。並且把婚姻及時和戶口增加作爲考覈地方官員政績大小、職務升降的依據。

唐太宗的重農政策，促進了生產的發展和社會的繁榮，完全符合人民的願望，順應了歷史發展的趨勢。出現了「商旅野次，無復盜賊，囹圄常空。馬牛布野，外戶不閉，又頻致豐稔，米斗三、四錢（《貞觀政要·政體》）的太平盛世。

立儲訓誡

泱泱中華，巍巍帝國。大唐的萬里江山會不會易主變姓，確立儲君的急務擺在太宗面前。儲君遵守君王的法則，必須以民爲先，以國爲本。儲君要有博大的胸懷，能包容宇宙，接納萬物；要有公平持正的慧眼，能明察秋毫，辨識忠奸。寬厚仁慈，立威樹德，勤於政事，愛護百姓，用儒家王道仁政治國，這是儲君應該具備的素質。唐太宗爲立儲大事勞神費思，席不安寢，食不甘味，終於得到了妥善解決。

一、儲君墮落

當初，李世民登基，立八歲的嫡長子承乾爲儲君。承乾幼年因聰明、敏慧而深受太宗喜愛。太宗選派德高望重、道德文章著稱於世的李綱為太子少師，教導輔佐他。太子也能虛心受教，讓他「聽斷」政事，也「頗識大體」，受到太宗信任。隨著年齡的增長，這個「生於深宮之中，長乎婦人之手」的承乾完全暴露了他的劣根性。

他的錯誤之一是親小人，奢靡荒淫。開始，他對宮臣還有所畏懼，經常當著他們談論忠孝，有時甚至哭泣，回到宮裡就與宮人褻狎，與宦官親暱。他還能揣摩宮臣進諫的意見，迎接下拜，斂容高坐，引咎自責，文過飾非，用巧言善辯迷惑宮臣。他喜愛聲色犬馬，常常出外畋獵，生活奢侈。他在宮內專與宦豎佞人廝混，造八尺銅爐，六隔大鼎，招募亡奴盜竊民間牛馬，與親信僕役烹煮共食。他又癖幸一個「美姿容，善歌舞」的男童，「特加寵幸，號曰『稱心』」，與他朝夕不離，日夜作樂。太宗知道後，氣憤已極，下令處死『稱心』。承乾失去『稱心』，哀痛不已，便在宮中興墳塋、築靈堂、立畫像、設偶人車馬，令宮人祭奠，以示對父皇的怨恨。

錯誤之二是荒廢學業，酷好胡俗。承乾不讀經史，不懂「順守」治國之道。

他廢學業，尚胡俗，與親信一道講突厥話，穿突厥衣，紮著突厥的辮子；披上羊裘，學著牧羊。又製作「五狼頭」大纛和幡旗，設置穹廬，居住其中，儼然突厥可汗。又學突厥烹羊，以佩刀割肉而食。承乾還假裝像可汗那樣死去，僵臥在地，讓親信群小效法突厥的喪儀，號天痛哭，騎上馬環繞著跑，靠近他的身體，用刀劃面，表示悲哀。還口出狂言說：「一朝有天下，當帥數萬騎獵於金城西，然後解髮爲突厥，委身思摩，若當一設，不居人後矣！」（《資治通鑑》卷一百九十六）意謂稱帝後，將要丟掉皇位，率軍投靠突厥，在阿史那思摩手下當一員武將，就不在人後了。眞是狂徒吐狂愚之言，他要拋棄中原文化和漢族風俗而委身突厥，豈不是大逆不道太可悲了嗎？

第三，厭惡諫臣，迫害忠良。太宗先後替他精選輔佐之臣。他們是于志寧、李百藥、杜正倫、張玄素、孔穎達。貞觀五年（公元六三一年），李百藥上《贊道賦》，用歷代儲君成敗得失，勸諭規諫太子，希望他改弦更張，棄舊圖新。而承乾依然故我，不思悔改，使李百藥憤然辭職。杜正倫循循善誘，盡心開導，受到承乾的愚弄。于志寧於貞觀七年向承乾上《諫苑》二十卷，希望他虛心納諫，不要奢侈縱欲，他卻置若罔聞。貞觀十五年，承乾違背農時，大興工役，于志寧上書切諫，承乾派刺客張師政、紇干承基在黑夜刺殺他，刺客見他坐在蘆席上為亡母守孝，認為他是忠良之臣，不忍加害，纔使于志寧幸免於難。貞觀十四年，張玄素切諫太子在宮中擊鼓作樂，沉湎酒色，承乾憤恨不已，派封戶奴趁張玄素上朝之機，用馬鞭幾乎把他打死。張玄素又規諫太子不要窮奢極侈，建造樓觀亭榭，承乾看了奏書，派刺客要殺他，正好承乾被廢黜，沒有殺成。孔穎達恪守儒家信條，多次激言切諫，辭鋒犀利，剛直不阿，承乾懷恨在心，伺機報復，命他撰寫《孝經義疏》。孔穎達藉機「廣規諫之道」，監督太子。承乾積習甚深，我行我素，毫無悔改之意，沿著腐化墮落的道路愈走愈遠，愈陷愈深。

承乾驕奢荒淫，昏聵暴虐，與唐太宗背道而馳。承乾仇視父皇，父子關係極惡化，政治見解對立，一場奪權與反奪權的鬥爭爆發了。

二、皇子反叛

貞觀十九年（公元六四三年），唐太宗粉碎了以承乾為首的太子集團密謀發動政變奪取帝位的陰謀。太子集團的主要成員有漢王元昌、吏部尚書侯君集、左屯衛中郎將李安儼、洋州刺史趙節、駙馬都尉杜荷。他們沆瀣一氣，狼狽為奸，陰養刺客，募集壯士，計畫謀反。如侯君集「自以有功而下吏，怨望有異志」，太子常召他入宮「問以自安之術」。侯君集極力鼓勵太子謀反，他說：「我有一雙好手，願為殿下用！魏王李泰被皇上寵愛，我擔心殿下有隋朝太子楊勇貶為庶人的禍患，殿下應該秘密早作安排。」於是承乾與同謀者「皆割臂，以帛拭血，燒灰和酒飲之，誓同生死，潛謀引兵入西宮」（《資治通鑑》卷一百九十六）。杜荷出謀說：「殿下祇要稱突然病危，皇上必然親自來看你，我們速發兵策應殿下，就可以得志了。」這時齊王李祐在齊州造反，消息傳到長安，承乾大喜，對紇干承基說：「我宮西牆去大內正可二十步耳，與卿為大事，豈比齊王乎？」意謂自己奪取帝位的條件比齊王優越，只在咫尺，易如反掌。但承乾還沒動手，齊王反叛失敗，事連紇干承基。大理寺逮捕紇干承基，下獄論死。紇干承基為了活命，自首供出太子承乾的謀叛計畫。太宗聞訊，勃然震怒，將元昌、承乾、君集、安儼等有關人犯全部逮捕歸案，詔敕長孫無忌、房玄齡、蕭瑀、李世勣等組成特別法庭審判，「反形已具」，證據確鑿。決定廢太子承乾爲庶人，漢王元昌賜自縊於家，侯君集、李安儼、趙節、杜荷均判處死刑。

承乾墮落叛變的教訓是深刻的：其一，承乾長期生活在宮婦、太監、奴僕中，有遂安夫人等的驕縱寵愛，雖有于志寧幾位宮臣嚴格教育，亦無濟於事。再說，你責備，我寬宥，你嚴格，我寵愛，勢必造成親近一方反感另一方，逆反心理的升級勢必導致教育的失敗。太宗明知承乾德行敗壞，居安在貞觀十六年詔令「皇太子出用庫物，所司勿爲限制」（《資治通鑑》卷一百九十六）。太子於是「取用無度」，這不是慫恿太子奢侈浪費嗎？其二，違背禮制，不能正名審分。正如褚遂良所說：「陛下已經立承乾爲太子，復寵魏王李泰，禮秩超過承乾，才造成今日的禍患。」可見太宗有不可推卸的責任。太宗不分嫡庶，擅越禮法，是不能正名審分的表現。對魏王李泰、吳王恪的愛，猶如夏日驕陽，熾烈，隱含著殘酷和殺機，不是眞愛。其三，實施教育，要抓好各個環節，要防微杜漸。據說東漢末年黃巾造反，向栩向漢靈帝獻策，不須興兵，祇要遣將於黃河邊，面北讀《孝經》，便可平叛消災。這眞是滑天下之大稽的腐儒之見！承乾的惡德敗行逐步升級，到了不可救藥的程度，僅用幾篇箴文和幾番規諫，又怎麼能感化他呢！可見防患於未然，尤其重要。

三、立儲訓誡

魏王李泰早已覬覦儲君的寶座，承乾被廢，他認為時機已到，大功垂成，太子之位非己莫屬。他入大內侍奉皇上，非常殷勤，他說：「臣今日始得為陛下子，乃更生之日也。臣有一子，臣死之日，當為陛下殺之，傳位晉王。」（《資治通鑑》卷一百九十七）太宗見李泰如此許願，甚為憐愛。褚遂良卻直截指出了許願的虛偽性：「哪裡有皇上萬歲後，魏王據有天下，肯殺了自己心愛的兒子，而傳位給晉王的道理呢？」其圖謀不軌的險惡用心不打自招了。晉王李治與漢王元昌平時友善，元昌因謀反自縊，李泰威脅李治說：「你與元昌友善，元昌今已失敗，你不憂慮？」太宗知道，如立李泰，必然會導致一場骨肉相殘的流血鬥爭，而立李治為太子，「承乾與泰皆無恙矣」。唐太宗與長孫無忌、褚遂良等大臣商議，確定幽李泰於北苑，立晉王李治為太子，這一決定，表現了太宗明智的遠大謀略，其不私所愛，杜絕禍亂，保證了「貞觀之治」的延續，穩定了局勢，促進了唐王朝的興盛。

汲取承乾的教訓，太宗針對李治仁愛懦弱的特點，採取措施，殷勤訓教太子。

太宗首先給李治造就了一個良好的環境，以賢德的人薰陶他。他命劉洎、岑文本、褚遂良、馬周等重臣輪流到東宮去與太子談古論今，提高李治的學識，增強辦事的果決能力。又精心選擇，以長孫無忌爲太師，房玄齡爲太傅，蕭瑀爲太保，李世勣爲詹事，李大亮爲右衛率，于志寧、馬周爲左庶子，蘇勗、高季輔爲右庶子，張行成爲少詹事，褚遂良爲太子賓客，輔佐太子。這個強大的輔導班子都是功勳卓著的開國功臣和精通治國之術的精英。

太宗還要太子住在寢殿之側，「遇物則誨」。與太子一起進餐，見到太子端碗吃飯，就說：「你知耕種、收穫的艱難，徵用勞役，不佔農時，就常有這飯吃了。」出巡時，看到太子騎馬，就說：「你懂得馬應當有勞有逸，不耗盡牠的體力，就可以常騎馬了。」看見他乘船，就說：「水可以用來浮起船，也可以用來打翻船。老百姓如同水一樣，國君如同船一樣。你能不畏懼嗎？」見他憩息於濃蔭大樹之下，就說：「木料順著墨線彈划就會筆直，國君聽從臣下勸告就會聖明。」太宗用心良苦，循循善誘；太子洗耳恭聽，銘刻於心。太子在太宗的親切教導和群賢的輔佐下，瞭解民間疾苦和時事艱難，通曉治國大道和爲政方略，逐漸成熟起來。

貞觀二十二年（公元六四八年），唐太宗親撰《帝範》，頒賜李治，作爲他今後治國的寶鑑。所謂「帝範」，就是「爲君的大綱」、「治國的寶典」。包括「君體、建親、求賢、審官、納諫、去讒、戒盈、崇儉、賞罰、務農、閱武、崇文」等十二篇。並且說：「修身治國，備在其中」（《資治通鑑》卷一百九十八）。「帝範」是太宗畢生治國經驗的總結，是留給李治治身、治國的法則。接著，太宗無情地解剖自己，檢討自己的過失，要求太子以古代哲王爲師，取法於上。不要像自己在貞觀後期那樣：「錦鏽珠玉，不絕於前；宮室臺榭，屢有興作；犬馬鷹隼，無遠不致；行遊四方，供頓煩勞。」（《資治通鑑》卷一百九十八）力戒驕侈，深防奢縱。保證李唐山江山代代相傳，不易主變色。

後來，李治不負衆望，堅持「貞觀之治」的治國路線，推行與民休養生息的撫民政策，取得了「永徽之治」的業績。這有力證明，唐太宗是一位善於雕琢、使用良材的藝術大臣。他的《帝範》將作爲帝王教育史上一顆璀璨的明珠，永遠放射出迷人而奪目的光芒。

拓疆

唐太宗在《帝範》中說：「武器鍚甲是國家的兇器。國家雖然幅員遼闊，國君如果窮兵黷武，那麼百姓就會困苦不堪；國家雖然太平安定，如果忘記了戰備，那麼百姓就會懈怠。百姓困苦不堪，不是保全國家的上策；百姓懈怠，不是揣度敵情以對付敵人的良方。因此，既不能完全廢除軍備，也不能經常輕易動用武力。所以在農閒時，講武練兵，學習進退的儀式：三年治軍，以辨別等級位列。春秋時期，越王勾踐扶軾，向有『戰爭之氣』的怒鼃致敬，激勵士氣，不忘雪恥，終於成就了霸王的功業。周穆王時，徐偃王大倡仁義，完全放棄武備，終於被楚文王消滅。這是什麼原因呢？這是由於越國加強戰備，學習了行事進退的儀式，而徐偃王祇是依靠文德，廢棄軍備，不習戰事的緣故。孔子說：『平時不對百姓進行軍事訓練，一旦爆發戰爭，便將百姓驅上戰場，致使傷亡慘重，這是拋棄百姓，殘害百姓的作法。』所以懂得弓箭的威力，以武力攝服天下，爲社稷謀利，這就是用兵的人的職責。」

——摘自吳兢所輯《貞觀政要·征伐》

誓滅突厥

「兵者，不祥之器，非君子之器，不得已而用之」（《老子》第三十一章）。古代，用兵的一條原則，即貴在愼重，不可輕易動用武力。用兵往往會造成人民生命財產的重大損失，若窮兵黷武，則百姓疲憊，國力削弱，會導致國家的大亂，甚至滅亡。但是放棄武備，忘記戰爭，也會導致國家的滅亡。唐太宗提出了「不可以全除不可以常用」（《帝苑·閱武》）的主張。太宗在即位後，能適時使用武力，開疆拓土，取得了很大的成功。

一、早期誓言

晉陽起兵，爲了免除東突厥在後的騷擾，順利入關。李淵採納劉文靜的建議，「與突厥相親」，讓突厥「資其士馬，以益兵勢」（《資治通鑑》卷一百八十三）。佔領長安後，東突厥成了對唐朝威脅最大的一個北方少數民族勢力。東突厥支持北方的各派割據勢力，阻撓唐的統一。頡利、突利二可汗經常率兵騷擾邊境，殺戮百姓，搶劫財物，破壞生產，甚至威脅京都安全。武德年間，唐廷常常忍垢含辱，贈以金帛財貨，才退去。武德七年（公元六二四年），突厥入寇，李淵聽信妄言，準備遷都南山樊鄧一帶。李世民表示堅決反對，力排衆議說：「戎狄爲患，自古就有，陛下英明聖武，猶如飛龍在天，恩澤覆蓋天下百姓。現有精兵百萬，率軍出征，所向無敵，怎麼能因突厥騷擾邊境，威脅京都安全，就妄言遷都京城，避免與他交戰，遺羞恥於四海，留笑柄傳百代呢？」他又發誓說：「漢代霍去病，一介武夫，尚且立下志願說：『匈奴不滅，何以家爲？』（《漢書·霍去病傳》）況且我是國家屏藩重臣，能不以徒佔其位而感到羞恥嗎？希望憑藉數年的期限，消滅突厥，活捉頡利，獻於宮闕之下。」李世民即位後，時時牢記自己的誓言，決心洗雪武德年間的恥辱。

二、六騎退敵

武德九年（公元六二六年）八月，突厥頡利，突利二可汗，以爲唐廷剛剛發生了「玄武門事變」，太宗剛剛繼承大統，人心不穩，有機可乘，便率領二十萬大軍進犯關中，前鋒已達高陵，形勢十分危急。朝廷上下，議論紛紛，或言戰，或言和，莫衷一是。唐太宗不露聲色，派涇州道行軍總管尉遲敬德率兵出擊，首先挫敵鋒銳。敬德直趨涇陽，與敵接戰，大破突厥於涇陽，斬突厥士卒一千餘級，俘獲突厥大將阿史德烏沒啜，遏止了敵人的進攻。

頡利可汗率大軍抵達長安北邊的渭水便橋紮營，並派遣他的心腹大將執失思力入京求見太宗，「以觀虛實」。執失思力見了太宗，十分驕橫無禮地說：「我國頡利、突利兩位可汗，乘秋高馬肥之際，率百萬大軍前來，欲與陛下畋獵於中原，不知意下如何？」太宗見了執失思力的傲慢模樣，決心先打揮他的威風，然後再以心戰退敵。便斥責他說：「我與你們可汗當面結爲兄弟，贈你們金帛財物，不知多少，我們可以無愧矣。你們可汗違背盟約，引兵深入我境，還揚言要與我在中原畋獵。你們雖爲戎狄，也有人心，怎麼能自誇強盛，忘恩負義呢？」說完便命武士將執失思力推出斬首。執失思力深知理屈，連忙跪下請求說：「陛下饒命。這次入侵不是二位可汗本意。朔方梁師都亂殺無辜，勢衰力弱，便依附於頡利，突利二位可汗，並爲二位可汗策劃，說唐廷內亂，兄弟相殘，乘機南下，可以擄掠大量子女玉帛。於是二位可汗合兵十萬南侵，剛才冒犯陛下，誇言百萬，實乃狂悖之辭，還望陛下網開一面。」這時蕭瑀、封德彝連忙奏請說：「兩國交兵，不斬來使，還請陛下放他回去。」太宗說：「我現在如果打發他回去，敵人一定以爲我害怕他們，他們將更加恣肆驕橫，進逼侵陵。」於是將思囚於門下省。

次日，唐太宗決定與高士廉、房玄齡等六騎到渭水便橋與頡利二可汗會面，勸其罷兵。剛出玄武門，就遭到蕭瑀的阻攔。蕭瑀認爲夷狄心性不可測度，皇帝的安危，關係社稷的危亡。太宗祇帶數騎去會頡利是冒險行爲，於是攔住馬頭，堅決要求太宗不要去便橋。太宗胸有成竹地說：「我去便橋，絕不是輕舉妄動。我籌劃這事是深思熟慮的，不是愛卿所能瞭解的。突厥之所以敢傾國來犯，直抵京郊，是因爲發生玄武門事變後，我剛剛即位，不能抗擊抵禦敵人。我如果閉城拒守，示以軟弱，突厥必然驕橫姿肆，縱兵搶掠，就不能制止。我單騎獨出，親臨便橋，示以輕敵，又整頓軍容，炫耀軍威。他要作戰，我就出其不意發起攻擊，打亂他的計畫，奪取勝利；他孤軍深入，必定心懷畏懼，要與我講和，我就決定與他簽約。制伏突厥，在此一舉。愛卿不必憂慮，祇請靜候佳音。」

太宗和士廉、玄齡等馳馬來到渭水河邊，祇見秋陽高照，霧已散盡，兩岸沐浴著金輝，河水波光粼粼，秋色宜人。祇是對岸突厥營寨連成一片，狼頭大纛高懸空中，才隱隱顯出戰爭的氣氛。太宗等來到南岸，讓房玄齡隔水喊頡利答話。頡利見執失思力沒有回營，摸不清唐軍底細，正在著急，忽聽小校報告說，唐天子親臨便橋，要自己答話。於是率百餘騎來到河邊，見太宗裝束簡便，英姿煥發，跟隨的幾位文官也灑脫自如，落落大方，不知太宗有何計謀，惴惴不安，大惑不解。

太宗見頡利前來，便質問說：「新訂盟約，墨跡未乾，爲何背約，興兵來犯？」頡利自知理虧，硬著頭皮說：「率兵前來，別無他意，時值秋稔，欲向大唐天子借點財帛。」太宗嚴肅地說：「我大唐地域遼闊，人口衆多，糧豐物阜，每年贈給你們財帛甚多。你們卻恩將仇報，騷擾邊境，殺戮百姓，性如豺狼。若是借點財帛，何需率大軍前來，分明是背約違盟，犯我中原。」話剛說完，唐朝各路大軍，相繼到來，祇見旌旗招展，刀槍如林，鎧甲鮮明，鋪天蔽野。太宗指麾諸軍退卻布陣，井然有序。頡利見唐軍兵馬威武，軍容嚴整，不覺心中悚懼。太宗繼續對頡利說：「聽說可汗要與我畋獵於中原，我看就在這秦川渭原盤弓射獵，以見高低，你意如何？我祇擔心你獵獲太重，難以全師回歸！」頡利聽了，心裡倒抽一口冷氣，莫非他要斷我來路，阻我北歸。太宗又繼續說：「可汗若要全師回歸，可在便橋上斬白馬，重新立誓，訂立盟約，和好如初。上面兩條道路，不知你願走那一條？」頡利聽了，驚魂不定，連忙率衆羅拜於地說：「願遵大唐天子命令，重新和好。」次日，太宗駕幸城西，與頡利盟誓便橋，又賜酒肉犒勞突厥將士，贈送布帛財物，頡利終於率軍北還。蕭瑀等大臣問太宗爲什麼要這樣安排，太宗解釋說：「我看突厥的士卒雖然衆多，但不嚴整，他們的意圖，祇是想得到財帛。正常他請和之時，可汗獨在渭水之西，他的顯官都來拜見我，我如果擺設酒宴把他們灌醉，然後襲擊他們的軍隊，必定勢如摧枯拉朽，再命長孫無忌、李靖在幽州埋設伏兵，等待他們敗歸的軍隊，如果伏兵在前面攔擊，大軍在後面追剿，要消滅他們，可謂易如反掌了。我與突厥訂立盟約，是由於我即位不久，國家尚未安定，百姓還不富裕，應當用「靜」來安撫他們。一旦與突厥作戰，我們的損失會更大更多。與突厥結怨既然很深，他們也必然畏懼而加強修備，那麼我們就不能實現徹底消滅他們的意願了。所以我捲起鍚甲，藏起兵戈，賜以金帛。他們得到了所要的財帛，按理自當退回塞北。他們的意志將更加驕墮，不再加強防備。我們養精蓄銳，等他們挑起釁端，一舉就可以消滅他們。」便橋一席話，嚇退十萬兵，展示了太宗擅長心戰，「不戰而屈人之兵」的軍事藝術和雄才大略的帝王風采。衆大臣聽了他深諳用兵機要而不輕易使用兇器的談話，無不佩服。

三、準備反擊

頡利雖然退兵，但他反覆無常，經常違背盟約，率兵騷擾邊境。還常常入塞大肆搶掠，威脅內地安全。太宗決心整頓武備，加強戰備。爲了消滅強悍的突厥騎兵，提高將士的作戰能力，太宗每天率領數百名將士在顯德殿的庭院中習武射箭，考試他們的武藝，凡考試成績優異者，都要賞賜弓、刀、帛等物品。即使是將帥也不能例外。他還曉諭將士說：「自古以來，戎狄入侵，騷擾邊境，很少安寧。國君祇知逸樂，忘記戰備，因此戎狄侵入，不能抵禦。現在我不讓你們鑿池築苑，專一練習武藝。閒居無事，我就當你們的武師；突厥入侵，我就做你們的統帥。殺敗突厥，保衛家園，也許中原的百姓就可以安寧了。」因此，「人思自勵，數年之間，悉爲精銳」（《資治通鑑》卷一百九十二），一支反擊突厥的勁旅終於崛起。唐軍等待時機，準備出擊，消滅突厥，以雪國恥。

四、消滅突厥

反擊的機會終於到來了。貞觀三年八月，鎮守邊境監視突厥行動的代州都督張公謹奏報頡利「縱欲逞暴，誅忠良，暱奸佞」（《資治通鑑》卷一百九十三），發生內亂，衆叛親離，這是消滅他們的絕好時機。冬十一月，突厥進犯河西，太宗命令李靖、李世勣、柴紹、薛萬徹統兵十萬，分道出擊突厥。李靖、李世勣都是胸藏韜略的軍事家，善於用兵，進展神速，大破突厥，迫使突利可汗入朝稽顙叩首。次年正月，李靖率驍騎三千，從馬邑直進惡陽嶺，頡利想不到唐軍如此神速，十分驚懼，率部回磧口逃竄。李靖乘機夜襲定襄，佔領此城。頡利親信康蘇密帶著流落突厥的蕭后和煬帝的孫子楊政道前來投降，取得了重大勝利。李靖乘勝追擊。李世勣率軍從雲中出擊，在白道大破突厥。頡利大敗，慌忙逃竄到鐵山，所率部衆還有數萬人。頡利爲了獲得喘息的機會，等到草青馬肥的季節，逃往漠北。他派執失思力卑辭謝罪，求和內附。唐太宗識破他的緩兵之計，便將計就計，一面派遣鴻臚卿唐儉等人前往，撫慰頡利；一面又詔令李靖要抓住戰機，消滅突厥。李靖在白道與李世勣會師，遵照太宗旨意，選精騎一萬，齎帶二十天軍糧，秘密快速前進，直逼陰山。頡利見唐儉前來和談，便放鬆了警惕。李靖部將前鋒蘇定方率軍冒著漫天大霧前進。等到霧散，突厥才發覺已被包圍。頡利大驚，慌忙上馬，率部分士卒，向漠北逃竄。唐軍大戰陰山，大獲全勝。殲滅突厥騎兵一萬餘人，俘虜突厥男女十餘萬人，獲得牛羊雜畜幾十萬頭。並殺死頡利的妻子隋義成公主，俘虜頡利的兒子疊羅施。頡利率殘餘勢力欲度磧口逃往漠北，李世勣早已率軍繞出敵後，駐軍磧口，截斷了頡利北竄的要道，迫使頡利手下的大酋長率衆投降，俘虜突厥五萬餘人。頡利率領數騎想逃跑依附吐谷渾，誤入荒山深谷中，被小可汗蘇尼先擒獲，用檻車送往長安，獻於金闕之下。

突厥被徹底消滅，唐朝統一了北部邊境，收回陰山至大漠的廣大地區，解除了長期以來對中原地區的侵擾和威脅。舉國歡騰，共慶勝利。長安街頭巷尾，無不載歌載舞。太宗在宴請凱旋將士的大會上莊嚴宣告：「武德年間向突稱臣的恥辱已經洗雪了。」李淵欣聞此訊，眼含熱淚說：「漢高祖被匈奴圍困白登山，不能報仇，現在我的兒子能消滅突厥，我江山託付得人，還有什麼憂慮呢？」於是命內監召太宗和大臣十餘人及諸王妃到凌煙閣宴慶，宴會上，李淵親彈琵琶，李世民翩翩起舞，大臣頻頻舉杯，爲太上皇祝壽，君臣盡情歡樂，直到深夜方散。

收復西域

消滅東突厥後，唐太宗又相繼派兵收復了吐谷渾、高昌、焉耆、龜茲等地區，重新恢復了對西域地區的統治。

一、平吐谷渾

唐太宗首先把矛頭指向了西方的吐谷渾。吐谷渾，地處青海一帶，其首領爲伏允可汗。伏允自武德年間到太宗繼位，年年來朝；後臣服於西突厥。西突厥地廣兵強，許多小國都依附於它。土谷渾叛唐臣服於西突厥，既阻礙了唐軍對西突厥用兵，也成了唐朝與西域各國及中亞地區經濟、文化交流的重大障礙。

貞觀八年（公元六三四年），年老的伏允，受其大臣天柱王的蠱惑，派遣軍隊侵犯蘭州、廓州，又扣押唐使者趙德楷。太宗遣使曉諭，伏允終不悔改。十月，西海道行軍總管段志雲和左驍衛將軍樊興率軍出擊，大破吐谷渾，追趕八百餘里。不久，吐谷渾又舉兵侵犯涼洲。十二月，太宗以李靖為西海道行軍大總管，統帥侯君集、李道宗、李大亮、李道彥、高甑生和東突厥契苾何力率領大軍征討吐谷渾。

次年閏四月，任城王李道宗率兵敗吐谷渾於庫山。當時吐谷渾據險苦戰，李道宗暗暗派遣千餘騎翻山越嶺，從後面出其不意發起攻擊，使吐谷渾內外受敵，潰敗逃竄。可汗伏允把所有的野草焚燒，率輕騎奔入沙漠。諸將認為馬無草料，疲憊羸瘦，不能進入沙漠深處追擊敵人。侯君集不以為然地說：「今日伏允一敗，如鼠逃鳥散，沒有派出偵察騎兵，又君臣背離，父子相失，擊敗他們十分容易，好像拾取芥菜籽一般。此時不乘機消滅他們，必定後悔。李靖採納他的意見，把軍隊分成南北兩道，北道由李靖、薛萬徹、李大亮率領，南道由侯君集、李道宗率領。侯君集、李道宗率部穿越兩千里無人行進的茫茫草原，歷盡艱險。雖是盛夏五月，然而霜降冰凍，寒冷異常。經過破邏眞谷，沒有水喝，唐軍人嚼冰，馬食雪，以乾糧充饑，戰勝嚴寒饑餓，追擊伏允到達烏海，擊破吐谷渾的主力。李靖所部行北道，部將薛孤兒在曼頭山大敗吐谷渾，獲得大量雜畜以充軍食。接著又在牛心堆、赤水源大敗其軍。李大亮在蜀渾、執失思力在居茹川分別大敗吐谷渾。李靖督率諸軍經積石山河源直到且末。伏允逃到突淪川，將要奔往于闐。契苾何力選驍勇騎兵一千餘名直奔突淪川，沙漠中缺水，將士刺馬飲血，奇襲伏允的軍帳，斬首數千級，俘獲雜畜二十餘萬頭，伏虜了伏允的妻子兒女。南北兩路大軍在星宿川、柏海會師。伏允走投無路，逃入沙漠中，被部從所殺。伏允的兒子慕容順斬天柱王，舉國歸降。戰勝吐谷渾為控制西域使西突厥歸附，打開通道，奠定了基礎。

二、遠征高昌

唐王朝戰勝吐谷渾後，就把進攻目的標對準了高昌。高昌處在吐魯蕃一帶。武德年間向唐王朝獻土產。高昌王麴文泰，背叛唐朝，臣服於西突厥，阻遏西域朝貢。太宗下詔書切責麴文泰，並徵他入朝。麴文泰假託有病不至。貞觀十三年

（公元六四〇年），太宗命侯君集為交河道行軍大總管，薛萬徹為副總管帥兵數萬遠征高昌。高昌王麴文泰認為高昌遠在邊地，離大唐約七千餘里，其間有二千餘里的沙漠，沒有水草，有時寒風如刀割，有時熱風如火燒，唐朝的大軍怎麼能來呢？秦隴一帶，蕭條冷落。唐軍來攻打我，調發士卒太多，運糧困難，供給必然不足；軍隊三萬已下，我完全有能力制伏。經濟唐軍強行來攻，我可以以逸待勞，堅守不戰，待其糧盡軍疲，然後出戰，必定戰勝唐軍，有什麼值得憂慮呢？麴文泰估計完全錯了。他聽說唐軍已經到達磧口，毫無準備，以為神兵從天而降，「憂懼不知所為」，發病而死，他的兒子智盛繼位。

十四年八月，侯君集率軍抵達柳谷，派契苾何力為前軍，趨進田地城。大軍繼至，擊破田地城，俘虜男女七千餘口。以中郎將辛獠兒為前鋒，連夜奔趨都城。高昌迎戰大敗，智盛便給侯君集寫信說：「得罪唐朝天子，是死去的父王，他雖然罪孽深重，但責罰也多了。他已經死了，我智盛襲位時間不長，您大概可以赦免我吧！」君集對智盛說：「如果能悔過，應當把自己捆綁起來，到軍營門前來投降！」智盛卻閉門不出。侯君集派人拉來衝車、砲車攻城，祇見飛石如雨，城中十分害怕，智盛計窮勢蹙，出城投降。侯君集分兵掠地，攻下三郡、五縣、二十二座城，得戶八千，人口三萬七千，馬四千三百匹。麴文泰時，百姓痛恨其殘暴，有童謠唱道：「高昌兵馬如霜雪，漢（唐）家兵馬如日月。日月炤霜雪，迴首自消滅。」（《冊府元龜》卷一千，《外臣部・滅亡》）可見太宗發兵攻擊高昌，是深得民心之舉。太宗在其地設西州，至此高昌滅亡。

三、奇襲焉耆

焉耆，距長安四千餘里，東接高昌，西鄰龜茲，他的國王姓龍，名叫突騎支，貞觀六年（公元六三二年），前來朝貢。十四年，侯君集討伐高昌，派遣使者與焉耆聯合，焉耆王欣然聽命。等到高昌被消滅，焉耆王突騎支到軍門拜見侯君集，君集將高昌奪取焉耆的三座城和擄掠的百姓全部歸還焉耆。因此，焉耆遣使謝恩，並貢獻土產。這一年，西突厥重臣屈利啜為他的弟弟娶了焉耆王的女兒，於是，西突厥與焉耆結為唇齒，就不朝貢了。安西都護郭孝恪奉太宗命令率兵出擊焉耆，恰好焉耆王的弟弟頡鼻葉護兄弟三人來到西州，孝恪選步騎三千，以頡鼻弟弟栗婆準爲嚮導，從銀山道出擊，倍道兼程，夜晚到達城下，此城四面是水，郭孝恪暗裡派遣將士浮水而渡。天剛亮，將士攀上城堞，鼓角齊鳴，驚擾城中。孝恪縱兵攻擊，俘虜龍突騎支，留栗婆準總理國事。郭孝恪回師三日，西突厥屈利啜援焉耆，囚栗婆準。西突厥處般啜將栗婆準送往龜茲被殺，焉耆立栗婆準叔父兄薛婆阿那支爲王。阿那支依附西突厥。貞觀二十一年（公元六四七年），阿史那杜爾征討龜茲，擒獲阿那支，將他斬首，而立阿那支叔父弟先那準爲王，自此焉耆朝貢不絕。

四、大敗龜茲

龜茲，距長安七千五百里，是漢代西域舊地，中亞的重要商業城市。高祖李淵在位，龜茲國王蘇代勃駃派遣使者來長安朝貢。貞觀年間，勃駃的兒子蘇代疊遣使獻馬，太宗「賜以璽書，撫慰甚厚，由此歲貢不絕。」代疊死後，他的弟弟訶黎失畢爲王，「漸失蕃臣禮」（《舊唐書·龜茲傳》）。貞觀二十一年（公元六四七年），太宗派遣昆丘道行軍大總管左驍衛大將軍阿史那杜爾、副大總管左驍衛大將軍契苾何力和安西都護郭孝恪，並徵調鐵勒十三部兵十餘萬騎征討龜茲。阿史那杜爾採用分兵夾擊的辦法擊敗了龜茲。一路大軍從天山北麓開往龜茲的東北邊境，截斷龜茲與西突厥聯繫，降服了西突厥所部處月、處羅俘虜了逃到龜茲的焉耆王阿那支。另一路則繞道秘密地進軍到龜茲王城之後，配合東北大軍合擊王城，終於大敗龜茲，俘虜龜茲王訶黎布失畢及其大將羯獵顚。郭孝恪留守王城。龜茲丞相那利逃往西突厥，暗地引西突厥和龜茲士卒萬餘人進行反撲，殺郭孝恪。後被唐軍擊敗，那利被龜茲人擒獲，終於平定龜茲。

平定龜茲，打通了通往西域的道路，蔥嶺以東的許多小國，紛紛擺脫了西突厥的控制，與唐朝友好往來。唐朝在龜茲設立「安西都護府」，統轄龜茲、于闐、疏勒等地。安西都護府的設立，保證了新疆和內地的交通暢通無阻，促進了西域、中亞和唐朝的經濟、文化的日益繁榮。同時，也孤立了西突厥，並迫使西突厥與唐講和。唐太宗以「弧矢之威」，使四夷內附，保證了國家的統一和太平，是很懂得用兵之道的。

討平漠北

薛延陀汗國位於東突厥以北，東突厥滅亡後就成爲唐王朝北部邊疆的最大威脅。

一、部署論兵

貞觀十五年（公元六四一年），薛延陀眞珠可汗聽說唐太宗將東封泰山，對衆臣說：「唐太宗東封泰山，士馬都要跟隨，邊境必然空虛，我在這時攻擊李思摩，就像摧枯拉朽一般。」於是貿然發兵二十萬，渡過漠南駐軍白道川，佔據善陽嶺，向突厥貴族李思摩進攻。李思摩無力抵抗，率部入長城，退保朔州，向朝廷告急求援。唐太宗命令營州都督張儉率所部騎兵壓迫薛延陀的東境；命令兵部尙書李世勣爲朔州道行軍總管，統兵六萬騎，屯駐羽方；命令右衛大將軍李大亮爲靈州道行軍總管，將兵四萬，騎兵五千，屯駐靈武；右屯衛大將軍張士貴爲慶州道行軍總管，將兵一萬七千，出擊雲中；涼州都督李襲譽爲涼州道行軍總管，攻擊薛延陀的西部。諸將辭行時，太宗告誡他們說：「薛延陀倚仗兵勢強盛，越過沙漠南侵，在沙漠中行軍數千里，戰馬疲憊瘦弱。大凡用兵之道，見利則速進，不利則速退，薛延陀不能突然掩襲擊敗李思摩，思摩進入長城後，薛延陀又不速退，想與李思摩長期對峙。我已詔令李思摩焚燒秋草，堅壁淸野，等待援軍。薛延陀糧草將盡，在荒野中無所獲取，偵察的騎兵報告說，馬嚼的樹木枝皮已經將盡。你們應當與思摩互成犄角之勢，不要與薛延陀部速戰，等他們糧盡退兵的時候，奮力出擊，必定能大破薛延陀。」衆將認爲很對，堅決照辦。

二、懾服眞珠

李世勣按照太宗的指示，屯軍不戰，等到薛延陀退軍時，乘機反擊。李世勣選麾下和突厥精銳騎兵六千，從直道攔擊，越過白道川，追到靑山。薛延陀大度設率軍走了數天，到了諾眞水，勒兵還戰，布陣長十餘里。突厥先與薛延陀交戰，不能取勝，回頭就跑。大度設乘勝追擊，遇到唐軍，薛延陀的兵卒萬箭齊發，射殺了唐朝許多戰馬。李世勣命令唐軍全部下馬，執長矟向前衝鋒，薛延陀的士卒潰退，副總管薛萬徹率領數千騎收拾薛延陀那些牽馬的，薛延陀的騎兵失去了戰馬，不知怎麼辦。李世勣縱兵攻擊，斬首三千餘級，俘虜五萬餘人，大度設脫身逃走，薛萬徹追趕不及。薛延陀士卒到達漠北，遇到暴風雪，人畜凍死的達十分之八、九。薛延陀大敗，不得已，眞珠可汗派遣使者到長安請和，太宗責備他說：「我同你們與突厥約定，以大漢爲界。有入侵別人的，我就討伐他。你們自恃強大，越過大沙漠來攻擊突厥，李世勣所率領的才數千騎兵，就把你們打得如此狼狽，趕快回去告訴你們可汗，一舉一動應該考慮它的利弊，選擇有利的事去做。」自此，眞珠可汗慴服，不敢南下騷擾。

三、消滅延陀

貞觀十六、十七年（公元六四二、六四三年），薛延陀眞珠可汗兩次派使臣帶著貴重禮物，請求與唐廷聯姻。開始，太宗欲贖回契苾何力，答應以新興公主嫁給他。契苾何力建議，要眞珠可汗親自到靈州迎娶，如果他不能前來，就藉此拒婚。契苾何力還斷定眞珠可汗年老力衰，不到一、兩年內就會病死。那時，兩個兒子爭奪王位，就可以坐著控制他們了。太宗欣然採納，後來因「聘財未備而與爲婚，將使戎狄輕中國」（《資治通鑑》卷一百九十七），於是與薛延陀絕婚。果然不出何力所料，眞珠可汗於貞觀十九年（公元六四五年）病死，庶長子曳莽和嫡子拔灼不睦，拔灼趁曳莽奔喪回東方時追襲，殺死了他。拔灼繼位，自立爲頡利俱利薛沙多彌可汗。拔灼以爲太宗征東未還，就率兵侵犯河南。太宗派遣左武侯中郎將田仁會與執失思力合兵追擊多彌阿汗。執失思力假裝敗退，誘敵深入，在夏州境內列陣以待，大敗薛延陀，追逐六百餘里，顯威漠北而還。不久，多彌又舉兵侵犯夏州，太宗詔勅禮部尙書江夏王李道宗率軍鎭朔州，右衛大將軍代州都督薛萬徹、左驍衛大將軍阿史那杜爾率軍守勝州，勝州都督宋君明、左武侯將軍薛孤吳率軍鎭靈州，又命令執失思力調發靈、勝二州突厥兵與道宗等相應。薛延陀至塞下，知道防備甚嚴，不敢貿然進兵。次年春，夏州都督喬師望和執失思力率軍迎擊薛延陀，大敗其軍，擄獲二千餘人，多彌可汗率輕騎遁逃北還。

多彌心性偏急，猜忌無恩，廢棄先王的貴臣，專用自己的親信，殺戮異己，因此，國人不服，內部發生騷亂。回紇酋長吐迷度與僕骨、同羅聯合發起攻擊，多彌大敗。太宗詔令李道宗、阿史那杜爾、執失思力、契苾何力、薛萬徹、張儉率所部分道並進，攻擊延陀。太宗又派校尉宇文法前往烏羅護靺鞨，宇文法率靺鞨兵在東境擊敗薛延陀阿波設的軍隊。薛延陀國中大驚，都大喊：「唐軍到了！」各部大亂。多彌率數千騎奔往阿史德時健部落，被回紇攻擊殺死，宗族幾乎滅絕。薛延陀餘衆七萬餘人向西奔逃，立眞珠可汗兄長的兒子咄摩支爲可汗，回歸故地。不久，去掉可汗的稱號。向唐朝遣使奉表，請求居住鬱督軍山以北。太宗派兵部尙書崔敦禮前往安撫。敕勒九姓各部酋長都十分畏懼薛延陀咄摩支，太宗也擔心咄摩支是漠北的禍患，於是召大臣商議，派遣李世勣與敕勒九姓共同圖謀攻打咄摩支。太宗告誡說：「他們投降就安撫，反叛就征討。」李世勣表示一定照辦。太宗又親往靈州招撫。李世勣率軍到達鬱督軍山，其酋長梯眞達官帥衆前來投降，薛延陀咄摩支向南逃竄，奔往荒僻山谷。李世勣派遣通事舍人蕭嗣業前往招撫安慰，咄摩支於是向嗣業投降。他的部落首施兩端，左右觀望，李世勣縱兵攻擊，前後斬首五千餘級，虜男女三萬餘人。江夏王李道宗率兵越過沙漠，與薛延陀阿波達官所統數萬士卒交戰，大破其衆，斬首千餘級，追趕二百餘里。道宗與萬徹招撫敕勒諸部，諸部酋長十分高興，都叩頭請求入朝。薛延陀國滅亡，諸部俟斤派遣使者相繼到靈州的有幾千人，願尊太宗爲天可汗，子子孫孫爲奴僕，死無遺憾。太宗寫詩序其事說：「雪恥酬百王，除兇報千古。」（《資治通鑑》卷一百八十九）。並在靈州刻石，記載這件事。

太宗兼用「武力」和「安撫」之策，安撫敕勒諸部，孤立薛延陀，打擊薛延陀，消除了北方隱患，使唐王朝的勢力擴展到廣大的漠北地區。這也再一次證明了唐太宗通曉用兵之機要，深諳德威並用之妙法。該攻伐則攻伐，該安撫則安撫。四夷賓服，社稷大安，可知矣！

重在安撫

「安撫」，從某種意義上來說，是一場不動干戈的戰爭，不必破財、不必勞人、不必流血。這是眞正的「止戈爲武」。這種以和平的方式換取安寧與以戰爭的方式換取安寧相比，不知要強多少倍。「安撫」，可以說是不戰而勝，取得和平，達到戰爭目的的重要手段，但不能把它與戰爭對立起來。安撫是首位的，能安撫的一定要盡力安撫；安撫是好策略，但不是唯一的策略，實在不能安撫和不宜安撫的，不能勉強，可以用戰爭和其他方式來解決。唐太宗在這方面有經驗，有教訓，是值得借鑒的。

一、安撫嶺南

古代，朝廷對於民變騷亂和夷族對抗，權勢鎮壓並不是唯一手段。審時度勢，或用權勢，或用安撫，而以安撫爲上策。漢武帝時期，武帝派唐蒙調發巴、蜀吏民，欲「通西南夷道」，造成西南夷與中央的對抗局勢。武帝拜司馬相如爲郎中將「建節往使」，前去「安撫」，「以賂西夷」（《漢書·司馬相如傳》），終於用禮遇善行消除了隔閡和疑慮，使西南夷緊張的局勢轉爲緩和、穩定，「夷道」也暢道了。漢宣帝時，渤海一帶發生饑荒，官吏「不恤」，民變四起。宣帝派龔遂爲渤海太守，安撫教化，「郡中翕然，盜賊亦皆罷」（《漢書·龔遂傳》）。可見，安撫既是有效的治民之策，也是有效的制夷國策。

貞觀初年，唐太宗對嶺南高州差點盲目地發動一場戰爭。當時嶺南各州報告，說高州酋帥馮盎、談殿「迭相攻擊」、「阻兵反叛」。消息傳到長安，朝廷上下震動，就像有那麼一回事似的。

馮盎，字明達，隋朝時，官拜漢陽太守，後擔任左武威大將軍。隋亡，他佔據嶺南，後來他獻地投唐。談殿也是嶺南地方割據勢力，佔有一隅，後也獻地歸唐。

當時，太宗聽到馮盎「反叛」的消息，壓不住心頭怒火，決定立即派遣將軍藺幕等調發江南道、嶺南道幾十個州的軍隊去討伐他們。秘書監魏徵冷靜思考後，連忙勸諫太宗，講了不可採取軍事行動的理由：「中原剛剛安定，戰爭的創傷還沒有復原，百姓疲憊窮困，不能調動軍隊去鎮壓。再說，嶺南瘴氣彌漫，瘟疫流行，山險河深，行軍路線太遠，難以接繼，疾病和瘟疫經常發生，倘若不如意，就後悔莫及了。」魏徵還分析了馮盎的情況：如果馮盎反叛，就應該趁中原還沒有安寧的時候，交好接納遠近的人，分派軍隊佔據險要的地方，攻佔州縣，設置官署，爲什麼告發了數年，他的軍隊到現在還沒有越過境界？這表明反叛的形勢並沒有形成。何必勞師動衆。陛下既沒有派使者到那裡去觀察，即使讓他們來朝覲，恐怕也難以明白眞相。魏徵還提出了安撫的辦法：如果派遣使者「分明曉諭」，必定「不勞師旅」（《貞觀政要·征伐》），他們就會自己來歸順朝廷。

太宗採納魏徵的建議，派遣員外散騎侍郎李公掩，持節前往嶺南，撫慰曉諭馮盎，馮盎立即派他的兒子智戴隨使者入朝。這樣，不用一兵一卒，就使嶺南安定下來。如果太宗輕信謊言，輕易調動軍隊，盲目發動戰爭，就會給國家帶來災難，使百姓流離死亡。魏徵以恩德安撫嶺南的策略眞是好！唐太宗深有感觸地說：「魏徵讓我祇遣一介之使，就使馮盎來朝，嶺南就平安無事，眞是勝過了十萬大軍啊！」可見安撫是很重要的國策。

二、重視根本

貞觀四年（公元六三〇年），突厥頡利戰敗，各部落首領紛紛投降。怎樣安置他們才能保證邊境的安定呢？在朝廷上引發了一場爭論。以中書令溫彥博爲首的一派認爲，應按照東漢光武帝建武年間將投降的匈奴安置在五原塞之下的辦法，保全突厥的部落，安置在河南一帶，使突厥成爲堅實的屏障。而以秘書監爲首的另一派認爲匈奴是人面獸心，不是我們的同族，強大時必然入侵劫掠，衰弱時就俯首順服，不顧恩德信義是他們的天性，因此他主張應該立即派遣他們回到河北地區，住在他們的故土上。他還指出：「現在投降的突厥人幾乎達到十萬，幾年以後，滋生繁育超出幾倍，居住在離我們很近而過於靠近都城的地方，必定會釀成禍患。」經過反覆的爭論，唐太宗認爲魏徵這一派講得很有道理，但當時正致力於懷柔的政策，沒有聽從他們的建議，最終採用了溫彥博的辦法，將他們安置在河南幽州至靈州一帶，居住長安的突厥人就將近一萬戶，朝中的官員有一半是各部落的首領。

當時，黨項族首領拓拔赤辭不肯來歸附，太宗多次派遣使者招撫他們。涼州大都督李大亮認爲這種招撫，沒有好處，他在奏章中指出：「欲綏遠（安撫遠邦）者必先安近。中國百姓，天下根本；四夷之人，猶於枝葉。擾其根本以厚枝葉，以求久安，未之有也」（《貞觀政要·安邊》）。這種以中原的百姓如根本，四方的民族如枝葉的思想是符合當時社稷和百姓利益的。如果使中原的百姓疲憊來侍奉四方的民族，就像拔除根本來增益枝葉一樣，要想求得和平安寧是不可能的。自古以來，明君用信義教化中原百姓，用權勢駕馭外族民衆，所以《春秋》上說：「戎狄豺狼，不可厭也；諸夏親暱，不可棄也。」所以堅固根本，使國家強大，使百姓富裕，才能使四夷歸附。所以爲招撫而招撫，勞擾破費，損害國家財力，是不足取的。

由此看來，爲了安撫而把匈奴安置在中原腹地，造成內患，乃是下策；爲了招撫而損害國力，疲憊百姓，也是下策，後來太宗果真後悔了。貞觀十三年（公元六三九年），太宗駕臨九成宮，突利可汗的弟弟中郎將阿史那結社率暗中勾結他的部從，支持突利的兒子賀羅鶻在夜晚突襲太宗居住的九成宮，事情失敗，都被逮捕殺頭。此時太宗才感到突厥不可靠，不應將他們安置在河南腹地，於是立李思摩爲乙彌泥熟俟利苾可汗，讓他統率突厥各部回到黃河以北去。太宗感慨說：「中國北姓，實天下之根本，四夷之人，乃同枝葉，擾其根本以厚枝葉，而求久安，未之有也。初，不納魏徵之言，遂覺勞費日甚，幾失久安之道」（《貞觀政要•安邊》）。

三、以夷治夷

貞觀十四年（公元六四〇年），侯君集平定了高昌國，太宗想把它劃爲州縣，魏徵認為不妥，上奏說：「高昌王對大國使節無禮，皇上對他們的討伐一再增加，如果祇追究麴文泰一人的罪過，這也就行了。不如藉此安撫高昌百姓而立文泰的兒子為王，這就是討伐有罪的國君，慰問受難的百姓，威力恩德覆蓋邊遠的外邦，這是治國的善策。現在如果認為他們的國土對自己有利而在那裡設置州縣，經常必須有一千多人去鎮守，幾年更換一次。每次來往交換，死亡的會有十分之三、四。命令他們準備衣物錢財，離別親戚，十年以後，隴右地區就會空虛，陛下最終不能得到一撮穀一尺布來資助中國，這就叫分散有用的資財去治理無用的地方，我未能看出它可行的道理。」太宗不採納。

褚遂良也認為在高昌設置州縣不妥，他認為聰明的帝王創建基業，必定以華夏為先而以外族為後，廣施恩德教化，不去治理遙遠的蠻荒之地。如果在高昌設置州縣，朝廷的軍隊剛出發的年頭，就是河西地區供給賦役的年份。由於急速運送軍用糧草，百姓就會流離失所，十室九空，幾個州郡變得蕭條荒涼，五年不能恢復。他非常懇切地勸諫太宗說：「此河西者方今心腹，彼高昌者他人手足；豈得靡費中華，以事無用」（《貞觀政要•安邊》）？他主張為高昌選擇可立的國君，以夷治夷，安撫他們的百姓，使高昌成為屏障輔翼，就不會煩擾中國百姓了。太宗也不採納。

不到兩年，西突厥派兵侵犯西州，太宗非常憂慮地說：「以往初平高昌時，魏徵、褚遂良勸我立麴文泰的子弟為國君，讓高昌依舊成為一個國家，我竟沒有採用他們的計策，現在才自悔自責。」

和同一家

和親，是我國古代民族和解的橋樑，也是邦族交往的一項國策。這種邦族聯姻，對國君的感情來說，雖然犧牲了一個女兒，但對國家和民族來說，能換來邊境千百萬人的安寧，這不能說不是一件大幸事。唐太宗認爲：「北狄風俗，多由內政，亦既生子，則我外孫，不侵中國，斷可知矣。以此而言，邊境足得三十年來無事」（《貞觀政要·征伐》）。唐太宗將自己和宗室女兒嫁給少數民族首領，結成血親關係，保障邊境的安寧，收到了顯著的成效。

一、「和親」溯源

和親政策並非唐太宗的創造，此策可溯源於漢代。漢高祖七年（公元前二〇〇年），高祖劉邦不採納劉敬忠言，率軍輕進，被匈奴四十萬大軍困於白登山。劉邦採用陳平「秘計」，贈送冒頓單于妻閼氏許多禮物，得以突圍回還。次年，冒頓單于又犯邊境，劉邦問計於劉敬，劉敬說：「天下剛平定，士卒疲於戰爭，厭惡戰爭，不能用武力來降服匈奴。冒頓暴戾，殺父自立，以他的諸母為妻子，以他的武力顯威風，是不能用仁義來勸說的。現有一條長遠之策，可以使匈奴單于子孫為臣，但恐怕陛下不願去做。」劉邦問他怎麼辦，劉敬繼續說：「陛下如果能將皇后生的公主嫁給單于，贈上一份豐富的嫁妝，單于必定敬慕封她為閼氏（匈奴王后），生子必然為太子。冒頓活著是你的女婿；冒頓死，你的外孫則為單于。按人倫道理，那裡聽說過外孫敢與外祖父抗禮的呢？這樣，可以避免戰爭，單于也漸為臣子。」劉邦也認為這是個好辦法，打算將長公主魯元嫁給單于，可是呂后日夜啼哭，劉邦無奈，於是在庶人家中選一名女子詐稱為長公主，讓劉敬前往與匈奴單于結約和親，把她嫁給冒頓。司馬光說：「漢以前的帝王，抵禦夷狄的方法是『服則懷之以德，叛則震之以威』，未聞與為婚姻也」（《資治通鑑》卷十二）。顯然劉邦的這種方法，是以血親為紐帶的一種妥協性質的措施，是「勢不便，時不利，事讎以求存」（《呂覽·行論》）的一種權宜之計。漢代的和親，多以後宮庶家女子遠嫁匈奴，很少選自己的女兒和宗室女兒出嫁。最著名的是「昭君出塞」，昭君嫁給呼韓邪單于，以她的美麗驚動了廣闊的草原，以她的笑容溫暖了遼遠的寒漠，以她的琵琶聲激起了牛羊的撒歡和百姓的歡樂。她將中原的文化帶到塞外，使漢朝和匈奴和睦相處，使「邊境晏閉，牛馬布野，三世無犬吠之警，黎庶無干戈之役」。北方邊境出現了空前安定的景象。

二、和親之策

唐太宗的和親之策雖與漢代有許多相似之處，但也有很大差異。太宗的「和親」沒有妥協屈辱的性質，也不是以「庶家子」詐稱公主，也不是「事讎以求存」的權宜之計。太宗與大臣討論過和親政策。太宗對大臣說：「北方外族世代入侵擾亂，現在延陀部強盛不順從，必須趁早對他們進行處置。我反覆考慮，祇有兩條對策：選派十萬役徒，擊破而控制他們，除兇滌惡，百年之內將沒有戰事，這是一條計策。若順從他們通婚的請求，與他們結親，我是百姓的父母，如果能對百姓有利，難道捨不得一個女兒！北方夷族的風俗，多由妻室主政，既然生了兒子，就是我的外孫，不會侵擾中原，可以絕對肯定。從這點來說，邊境足能夠三十年內不發生戰爭。提出這兩條計策，哪一條較好？」司空房玄齡回答說：「國家遭受隋末大亂之後，戶口多半沒有恢復，兵器兇惡，戰爭危險，是聖人應該慎重對待的事情，和親的政策，實在是天下的大幸事！」為此，太宗把「和親」作為一項國策定了下來。另外，少數民族的首領都渴望與唐朝建立友好的關係，多次遣使齎帶重金、寶貨作為聘禮到長安求婚。如貞觀十六年（公元六四二年），薛延陀眞珠可汗派他的叔父沙鉢羅泥熟俟斤來求婚，「獻馬三千，貂皮三萬八千，馬腦鏡一」（《資治通鑑》卷一百九十六）。次年，又派他侄兒突利設來納幣求婚，「獻馬五萬匹，牛橐駝萬頭，羊十萬口」（《資治通鑑》卷一百九十六）。各族君主都把娶唐室女當作榮耀，並表示要忠於唐廷。唐太宗摒棄儒家傳統的貴華賤夷的偏見思想，提出了自己正確的主張。他說：「自古皆貴中華，賤夷狄。朕獨愛之如一，故其種落皆依朕如父母」（《資治通鑑》卷一百九十八）。太宗毫無歧視少數民族的觀念，多次下嫁公主與宗室女。突厥處羅可汗的次子阿史那杜爾率部內附，太宗將皇妹衡陽公主嫁給他，拜駙馬都尉。吐谷渾王諾曷鉢來朝，把宗室女弘化公主嫁給他爲妻。少數民族將領與唐室聯姻的也不少：突厥族大將執失思力歸附後，尙九江公主；鐵勒族的契苾何力，尙宗室女臨洮縣主；突厥族的阿史那忠尙宗室女定襄縣主。

三、「唐蕃」和親

在唐室與少數民族的聯姻中，影響最深遠的首推唐蕃和親。

吐蕃贊普松贊干布（棄宗弄贊），「性驍武，多英略」（《舊唐書·吐蕃傳》），使鄰國和諸羌賓服，統一了青藏高原的大部分，建立政權，定都邏些（拉薩）。貞觀八年（公元六三四年），富有遠見的棄宗弄贊羨慕唐風，重視和唐廷的關係，便派使臣齎帶貢品訪問長安。太宗也遣使者馮德遐前往回訪撫慰。棄宗弄贊見了馮德遐十分高興。他聽說突厥和吐谷渾都娶了唐室公主，於是派遣使者多齎金銀財寶，隨德遐入朝求婚。太宗沒有答應。棄宗弄贊聽使臣說，由於吐谷渾離間吐蕃與唐朝的關係，「由是禮薄，遂不許嫁」（《舊唐書·吐蕃傳》），於是發兵攻擊吐谷渾，把吐谷渾趕到青海之上，又擊破黨項及白蘭諸羌，率兵二十萬，進逼松州，揚言「來迎公主」。都督韓威率輕騎窺視吐蕃軍營，反為棄宗弄贊所敗。太宗於是派侯君集、執失思力、牛進達、劉蘭率步騎五萬反擊吐蕃。牛進達率前鋒夜襲吐蕃軍營，斬首千餘級。棄宗弄贊十分畏懼，率軍退卻，派使者謝罪，再次求婚。太宗高瞻遠矚，為鞏固西陲，慷慨允諾。於是，棄宗弄贊派遣大臣祿東贊致禮，獻黃金五千兩及數百件珍翫。太宗答應把宗室女文成公主嫁給他。

貞觀十五年（公元六四一年），太宗令禮部尚書江夏郡王李道宗主婚，持節護送文成公主入藏。文成公主不辭艱辛，跋涉萬里，前往吐蕃。棄宗弄贊欣喜異常，率部駐紮柏海，親自到河源遠迎。他看到文成公主雍容華貴，舉止嫻雅，十分愛慕。他見到李道宗，非常恭敬，執子婿之禮進見。他見到大唐禮儀的美好，服飾的華麗，讚嘆不已而面帶愧色。等到與公主到達邏些，棄宗弄贊立即與文成公主舉行隆重婚禮，他興高采烈地對臣僚說：「我父祖未有通婚上國者，今我得尚大唐公主，為幸實多，當為公主築一城，以誇示後代」（《舊唐書‧吐蕃傳》）。為了表示對文成公主的關切和愛慕，棄宗弄贊立即下令修築城邑，建造宮室，讓公主住在裡面。公主厭惡藏族用赭色塗面的風俗，棄宗弄贊就下令權且禁止。棄宗弄贊仰慕和學習華夏的風俗，也脫去藏族的氈裘，穿上唐朝的紈綺，還派遣藏族的貴族子弟，進入國學，學習《詩》、《書》，同時還聘請中原的讀書人「典其表疏」（《舊唐書·吐蕃傳》）。文成公主入藏，帶去了大量醫藥、生產技術、佛教等方面的著作，還有大批珍寶、綿帛、手工藝品及穀物、蔬菜種子等。唐朝還送去蠶種及造酒、碾、磑、紙、墨的工匠，這些對發展吐蕃經濟、文化起了積極作用。

文成公主在西藏生活了四十年，以自己女性的魅力永久安居在茫茫高原，以自己靈魂的美麗溫暖融化了冰天雪地，為漢藏兩族的友好和發展西藏的經濟文化作出了不朽的貢獻。金碧輝煌的布達拉宮就是不可拆除的漢藏親姻文化的構架，大昭寺、小昭寺便是這種姻親文化的見證人。唐太宗深諳「和親」的底蘊，他開闊的胸襟、恢宏的氣度、英明的決策，是中國歷史上絕無僅有的。

古代帝王平定中夏，不能使戎狄眞心歸附，而唐太宗卻能成功，其原因何在呢？還是唐太宗自己回答得好！他在總結自己成功的經驗時，談了五條，最後一條就是「自古皆貴中華，賤夷狄。朕獨愛之如一，故其種落皆依朕如父母」（《資治通鑑》卷一百九十八）。唐太宗制定並執行了一條民族和睦的政策，獲得四夷的熱愛和擁戴，被尊爲「天可汗」。唐與和親的邦族之間形成了「甥舅和協，掃彼舊怨，泯其嫌隙，喜兵革之不作，惟親好之是崇」（《新唐書‧吐蕃傳》）的融洽關係。唐王朝成了當時世界上疆域最廣大的國家。其版圖爲「東極於海，西至焉者，南盡林邑，北抵大漠，皆爲州縣，凡東西九千五百一十里，南北一萬九百一十八里」（《資治通鑑》卷一百九十五），成了歷史上疆域最遼闊的唐帝國。

極武遼東

戰爭，在某種意義上說，是死神的出世，是災星的降臨，是誅戮生靈和毀壞文明的劊子手。古代的明君，都知道不能輕易發動戰爭，否則會引火燒身，危害百姓和自己。唐太宗在晚年好大喜功，窮兵黷武，犯了一次大錯誤。

一、忘記教訓

貞觀四年（公元六三〇年），唐太宗對左右的大臣說：「兵者，兇器，不得已而用之。故漢光武云：『每一發兵，不覺頭鬚皆白。』自古以來窮兵極武，未有不亡者也」（《貞觀政要·征伐》）。太宗的頭腦是何等地清醒？他認爲前代帝王自恃強大，驕橫恣肆，窮兵黷武，大力開拓疆土，追求身後的虛名，祇能危害百姓和社稷，對自己也沒有好處。漢武帝派兵連年征戰，北討匈奴，使百姓疲憊，國力削弱。前秦符堅倚仗兵力強大，拒納王猛和衆臣的忠言，一定要吞併晉王朝，調動百萬大軍，淝水一戰，就自取滅亡。隋煬帝一連三次發動對高麗的戰爭，連年勞役，百姓十分怨恨，最後自己死在一個平常人的手中。唐太宗汲取前朝的教訓，能順民心，守根本，不急功近利，不好大喜功，不輕易動用武力，終於使國家日益強大，成爲屹立於東方世界的大帝國。

然而，在貞觀盛世的成功面前，唐太宗自以爲勝過了古代的賢君，滋長了驕傲自滿的情緒，逐漸淡忘了以「隋亡爲戒」的歷史教訓，思想和行爲發生了巨大的變化，不祇是追求奢侈，厭惡直言，猜忌大臣，而且好大喜功，崇尚虛名，貪圖領土的欲望越來越強烈，於是，連續發動了兩次討伐高麗的戰爭。

二、一征高麗

貞觀十六年（公元六四二年）十一月，營州都督張儉向朝廷上奏，高麗東部大人泉蓋蘇文殘忍兇暴，做了許多不法的事，國王及衆大臣商議應該將其處死，蓋蘇文知道後，借勒兵校閱之機殺死一百餘名大臣，又馳入宮中弒殺國王高建武，立高建武的侄兒高藏爲王，自封爲莫離支（相當於兵部尙書兼中書令），號令遠近，專擅朝政。蓋蘇文狀貌雄偉，意氣放縱，恣肆驕橫，身佩五刀，兇神惡煞一般。不管上馬下馬，都要令貴人、武將撐伏在地，作爲上馬的石凳。所以衆臣見他莫敢仰視，百姓見他兢奔趨避，無不痛苦萬分。次年，蓋蘇文又率兵攻打新羅，屠殺百姓，佔領城市，新羅不斷派遣使者向唐廷告急求援。太宗派使者曉諭蓋蘇文不要攻打新羅，蓋蘇文不聽。太宗大怒說：「蓋蘇文弒殺君王，屠戮大臣，殘虐百姓，又違抗我的詔令，侵暴新羅，眞是罪大惡極，不能不率兵征伐。」褚遂良勸諫說：「陛下削平大亂，治理天下，河淸海晏；征撫四方，戎狄懾服，邊境安寧，威望可謂大矣！現在如果渡海遠征小小的高麗，如期戰勝它則可，萬一失敗，損傷威望，又憤怒興兵征討，那麼安危就難以預測了！」並且建議太宗不可親征。太宗執意不從，決定親征，想在遼東戰場上再展當年雄風。

貞觀十九年（公元六四五年）春，唐太宗發兵兩路以征高麗。一路以刑部尙書張亮爲平壤道行軍大總管，率江淮嶺硤勁兵四萬，戰艦五百艘，從萊州渡海趨平壤。另一路以特進英國公李世勣爲遼東道行軍大總管率步騎六萬赴遼東。二月，太宗留房玄齡守長安，起駕東征。三月到達定州，留高士廉、劉洎、馬周等輔佐太子守定州。四月，李世勣率軍攻入遼東。李世勣、李道宗攻拔蓋牟城，獲二萬餘人，糧十餘萬石。五月，遼東城下，李世勣、李道宗率軍痛擊援救遼東城的四萬高麗步騎，大敗高麗軍，斬首千餘騎，又乘勝攻拔遼東城，殺敵萬餘，得勝兵萬餘，男女四萬人。在圍攻安市時，高麗派高延壽、高惠眞率兵十五萬救安市，李道宗以爲敵人傾巢而出，平壤空虛，建議出奇兵襲擊高麗國都平壤，太宗沒有採納。安市城下，太宗出奇謀大破高延壽、高惠眞，斬首二萬餘級，迫使延壽、惠眞率三萬六千八百人請降，獲得馬五萬匹、牛五萬頭、鐵甲萬領，大獲全勝。

太宗自信輕敵，欲踏平安市，遭到安市軍民的強烈反擊，滯留安市達三月之久，未能克捷。至九月，遼東早寒，草枯水凍，糧草將盡，士馬難留，太宗下令班師。在回軍途中，遼澤泥濘難行，車馬不通，又遇暴風雪，冰凍而死者甚衆。太宗這次親征，攻取玄菟、橫山、蓋牟、磨米、遼東、白巖、卑沙、麥谷、銀山、後黃十城，斬首四萬餘級，唐軍陣亡二千餘人，戰馬死者，有十分之七、八。太宗也認爲損失太大，深悔感嘆說：「如果魏徵還活著，不會讓我遠征高麗啊！」

三、再征高麗

太宗討伐高麗沒有成功，十分氣惱，決定再整軍隊東征，以雪失敗之恥。貞觀二十一年（公元六四七年）二月，太宗召集大臣，再議討伐高麗。有的大臣認爲高麗人依山築城，城池堅固，不可突然攻拔。應該派遣少量軍隊輪番攻擊，各處騷擾，使高麗百姓疲於奔命，無法耕種收獲，祇好躲在城堡之中。這樣一來，不到幾年就會田園荒蕪，千里蕭條，百姓無衣無食，就會衆心離散，鴨綠江以北的土地，可以不戰而取。李世民採納他們的意見，以左武威大將軍牛進達爲青丘道行軍大總管和右武侯大將軍李海岸率軍一萬，乘樓船從萊州出發，浮海進攻高麗，經過百餘次大小戰鬥，每戰必勝，攻拔石城。在積利城下，與高麗軍隊萬餘人大戰，斬首二千餘級。又以特進英國公李世勣爲遼東道行軍大總管和右武衛將軍孫貳朗將兵三千，同營州都督府兵，從新城道進攻高麗。經南蘇等幾個城市，多次擊破高麗軍，焚燒羅郭城後撤回。次年春，唐太宗又以右武衛大將軍薛萬徹爲青丘道行軍大總管和右衛將軍裴行方率三萬餘人乘樓船戰艦從萊州浮海進攻高麗，攻破泊灼城，俘獲甚多。

六月，唐太宗因高麗災荒嚴重，百姓疲憊，內外交困，決定第二年徵發三十萬大軍，一舉消滅高麗。有的朝臣認爲，大軍東征，必須準備一年的糧食，不能用牲畜拉載，應該準備船艦水運。於是派遣右領左右府長史強偉到劍南道伐木造船，大船長一百尺，寬五十尺。船造成後，從巫峽順江而下，經揚州直達萊州。強偉又役使雅、邛、眉三州的獠族伐木造船，引起獠民反抗。強偉上奏朝廷，派張士貴、梁建方調集隴右、峽中的兩萬多軍隊進行鎮壓。爲了造船，要徵收船絹，一艘大船要徵收絹二千二百三十六匹。州縣督迫，火速嚴急，百姓不堪，衹好賣田宅、鬻兒女，劍南一帶，民怨沸騰，騷亂頻繁。老臣房玄齡在臨終前上書，請「焚陵波之船，罷應募之衆」（《資治通鑑》卷一百九十九），要求太宗按《老子》所說的「知足」、「知止」去做，才會「不辱」、「不殆」。連太宗的寵妃徐惠也上書指出這樣做是「矜功自大，棄德輕邦，圖利忘危，肆情縱欲」，會導致「危亡」和「覆敗」（《資治通鑑》卷一百九十八）。但太宗固執己見，仍然堅持東征，直到次年六月去逝，高宗繼位，才停止征伐高麗。

唐太宗不以「隋亡爲戒」，兩次征伐高麗，鬧得損失慘重，民不堪命，顯然違背了「土地雖廣，好戰則人凋；邦國雖安，亟戰則人殆」（《帝範·閱武》）的原則，使他的晚年變得黯然失色。這就有力地證明了用兵應堅持做到「不可以全除，不可以常用」（《帝範·閱武》），也就是說，廢除軍備，忘記戰爭，必然導致社稷傾覆；一味好戰，窮兵極武，也必然會導致國家滅亡。這是一條顛撲不破的眞理。

結束語

唐太宗無愧是我國古代傑出的軍事家、政治家，也是一位多才多藝的君主。他嫻於弓馬，擅長詩文和書法，是一位文武全才的皇帝。

唐太宗在逐鹿中原和闢疆拓土的戰爭中，靈活運用了騎射戰術。他不僅自己精於弓馬，善於騎射，而且訓練了一隻驍勇善戰的鐵騎隊伍。太宗從高舉義旗到承繼大統，常年和弓馬相伴而行，他所用的弓箭威力大，命中率高。每臨戰陣，他總是持強弓大箭，衝鋒在前，出奇兵戰勝強敵。他精湛的射技和嫻熟的騎術，為開拓李唐萬里江山，也立下了不朽的功勛。

唐太宗不僅韜略過人，武功蓋世，而且擅長詩文。他的作品被清朝人編入《全唐文》和《全唐詩》的有文七卷、賦五篇、詩一卷六十九首。他的文章主要是政論、史論和詔敕，其主要代表作有《帝範》、《金鏡》。他命令房玄齡、褚遂良等編撰《晉書》，《晉書》的編撰是官修史書的發軔。太宗還自選宣帝、武帝兩紀和陸機傳、王羲之傳等，親自爲其寫後論。因《晉書》爲唐太宗親自參加撰寫，所以號其書爲「御撰」。太宗的文章雖多爲駢體，注重辭藻，講求對仗，但政治色彩較濃，富有時代特色，且格言警句，比比皆是，可謂大觀。他雖然愛好詩文，卻不注重文名。著作佐郎鄧世隆要爲太宗編輯文集，太宗說：「人生惟在德行，何必要事文章耶！」（《貞觀政要·文史》）。太宗始終不允許出文集。

太宗多作「豔詩」，但部分政治抒情詩，氣勢磅礴，剛勁有力，體現了曠代君主的一世雄風。

太宗在書法上造詣很深。他師法於晉代書法家王羲之，對王羲之的《蘭亭集序》墨跡視爲珍寶。據傳《蘭亭集序》眞跡爲辯才和尙秘藏，太宗派蕭翼施巧計才賺取到手，死後，又讓眞跡殉葬。可見太宗對王羲之的書法痴愛到何種地步。他的「飛白書」，匠心獨運，功力很深，名重當時，爲朝廷內外所讚賞。他很重視對書法技藝的研究，寫有《筆法論》、《指法論》、《筆意論》等文章，從初學到深造的角度對書法做了精闢的分析。無疑地，這有力地推動了書法革新運動。

太宗晚年，疾病纏身，遂產生了乞求長生的迷信思想。貞觀二十三年（公元六四九年）五月，由於過多服用方士煉製的金石丹藥，中毒暴亡，享年五十二歲，留下了遺憾。

總之，李世民智慧出眾，韜略過人，武功顯赫，文章炳煥。開貞觀之衢路，樹帝王之風標，名垂千名；譽滿中外，風範猶存，儀型尚在，堪爲明君的楷模。

唐太宗的人生哲學——守靜人生　　中國人生叢書 28

著　　者／陳文新、曾凡玉
出 版 者／揚智文化事業股份有限公司
發 行 人／葉忠賢
總 編 輯／孟　樊
執行編輯／鄭美珠
登 記 證／局版北市業字第 1117 號
地　　址／台北市新生南路三段 88 號 5 樓之 6
電　　話／(02)2366-0309　2366-0313
傳　　真／(02)2366-0310
E-mail／tn605547@ms6.tisnet.net.tw
網　　址／http://www.ycrc.com.tw
印　　刷／偉勵彩色印刷股份有限公司
法律顧問／北辰著作權事務所　蕭雄淋律師
初版一刷／1999 年 8 月
I S B N ／957-818-025-X
定　　價／新台幣 300 元
郵政劃撥／14534976

南區總經銷／昱泓圖書有限公司
地　　址／嘉義市通化四街 45 號
電　　話／(05)231-1949　231-1572
傳　　真／(05)231-1002

國家圖書館出版品預行編目資料

唐太宗的人生哲學：守靜人生 / 陳文新，曾凡玉著. -- 初版. -- 台北市：揚智文化，1999 [民 88]

面；　公分. --（中國人生叢書；28）

ISBN　957-818-025-X（平裝）

1. 唐太宗 - 傳記 2. 唐太宗 - 學術思想-哲學

624.11　　　　　　　　88007731